LA COMTESSE
DE CHARNY

PAR

ALEXANDRE DUMAS.

8

PARIS
ALEXANDRE CADOT, ÉDITEUR,
37, RUE SERPENTE.
—
1853

LA COMTESSE DE CHARNY.

Ouvrages de A. de Goudrecourt.

EN VENTE.

Aventures du Chevalier de Pampelonne	5 vol.
La Tour de Dago	5 vol.
Le Bout de l'oreille	7 vol.
Le Légataire	2 vol.
Les Péchés mignons	5 vol.
Médine	2 vol.
La Marquise de Candeuil	2 vol.
Un Ami diabolique	3 vol.
Les derniers Kerven	2 vol.

Sous presse.

Mémoires d'un vieux Garçon

Ouvrages du Marquis de Foudras.

EN VENTE.

Le Chevalier d'Estagnol	6 vol.
Diane et Vénus	4 vol.
Madeleine Repentante (suite du Caprice)	4 vol.
Un Caprice de grande dame (in-18)	3 vol.
Un Capitaine de Beauvoisis	4 vol.
Jacques de Brancion	5 vol.
Les Gentilshommes chasseurs	2 vol.
Les Viveurs d'autrefois	4 vol.
Les Chevaliers du Lansquenet	10 vol.
Madame de Miremont	2 vol.
Lord Algernon (suite de madame de Miremont)	4 vol.
Lilia la Tyrolienne (épuisé)	4 vol.
Tristan de Beauregard (épuisé)	4 vol.
Suzanne d'Estoaville (épuisé)	4 vol.
La comtesse Alvinzi	2 vol.
Le Capitaine La Curée	4 vol.

Sous presse.

Un Drame en famille.

Ouvrage d'Alexandre Dumas.

LA COMTESSE DE SALISBURY.
6 volumes in-8.

On vend séparément les derniers volumes pour compléter la première édition.

Imprimerie de E. Dépée, à Sceaux.

LA COMTESSE

DE CHARNY

PAR

ALEXANDRE DUMAS.

8

PARIS
ALEXANDRE CADOT, ÉDITEUR,
37, RUE SERPENTE.
1853

I

La Loge de la rue Plâtrière.

(Suite et fin.)

En quelques minutes, la salle se remplit à n'y pouvoir plus circuler; c'étaient des hommes de tous les états et de toutes les conditions, depuis le paysan jusqu'au prince, qui arrivaient un à un, ainsi qu'était arrivé Billot, et qui, sans se connaître ou se connaissant, prenaient leur place au hasard ou selon leurs sympathies.

Chacun de ces hommes portait, sous son habit ou sous sa houppelande, soit le tablier maçonnique, s'il était simplement maçon, soit l'écharpe des illuminés, s'il était à la fois maçon et illuminé, c'est-à-dire affilié aux grands mystères.

Trois hommes seulement ne portaient pas ce dernier signe, et n'avaient que le tablier maçonnique.

L'un était Billot; l'autre un jeune homme de vingt ans à peine; le troisième, enfin, un homme de quarante-deux ans à peu près qui, par ses manières, paraissait appartenir aux plus hautes classes de la société.

Quelques secondes après que ce dernier fut entré à son tour, sans qu'il eût été fait pour son arrivée plus de bruit que pour l'arrivée du plus simple des membres de l'association, une porte masquée s'ouvrit, et le président parut, portant à la fois les insignes de Grand-Orient et ceux de Grand-Cophte.

Billot poussa un faible cri d'étonnement : ce président, devant lequel s'inclinaient toutes les têtes, n'était autre que son fédéré de la place de la Bastille.

Il monta lentement l'estrade, et, se tournant vers l'assemblée :

— Frères, dit-il, nous avons deux choses à faire aujourd'hui. Moi, j'ai à recevoir trois nouveaux adeptes; j'ai à vous rendre compte de mon œuvre depuis le jour où je l'ai entreprise jusqu'aujourd'hui; car, l'œuvre devenant d'heure en heure plus difficile, il faut que vous sachiez, vous, si je suis toujours digne de votre confiance, et que je sache, moi, si je continue de la mériter. — C'est en recevant de vous la lumière, et en vous la renvoyant, que je puis marcher dans la voie sombre et terrible où je suis engagé. — Donc, que les chefs de l'ordre restent seuls dans cette salle, pour que nous procédions à la réception ou au rejet des trois nouveaux membres qui se présentent devant vous. Puis, ces membres admis ou rejetés, tout le monde rentrera en séance depuis le premier jusqu'au dernier, car c'est en présence de tous, et non pas seulement en présence du cercle suprême, que je veux exposer ma conduite, et recevoir le blâme ou demander le remercîment.

A ces mots, une porte opposée à celle qui s'était déjà démasquée s'ouvrit. On aperçut de vastes profondeurs voûtées pareilles aux cryptes d'une ancienne basilique, et la foule s'écoula silencieuse et telle qu'une procession de spectres sous les arcades, à peine éclairées de place en place par des lampes de cuivre dont la lumière était tout juste suffisante pour rendre, comme l'a dit le poète, les ténèbres visibles.

Trois hommes seulement restèrent. C'étaient les trois récipiendaires.

Le hasard faisait qu'ils étaient appuyés à la muraille à des distances à peu près égales les uns des autres.

Ils se regardèrent tous trois avec étonnement, car, seulement alors, ils apprenaient qu'ils étaient les trois héros de la séance.

En ce moment, la porte par laquelle le président était entré se rouvrit; six hommes masqués entrèrent à leur tour, et vinrent se placer debout, trois à la droite, trois à la gauche du fauteuil.

— Que les numéros 2 et 3 disparaissent un instant, dit le président. Nuls que les chefs suprêmes ne doivent connaître les secrets de la réception ou du refus d'un frère maçon dans l'ordre des illuminés.

Le jeune homme et l'homme à la mine aristocratique se retirèrent, regagnant le corridor par lequel ils étaient entrés.

Billot resta seul.

— Approche, lui dit le président, après un instant de silence qui avait pour but de donner aux deux autres profanes le temps de s'éloigner.

Billot s'approcha.

— Où as-tu reçu la lumière? lui demanda le président.

— Dans la loge des *Amis de la vérité*, de Soissons.

— Quel âge as-tu ?

— Sept ans.

Et Billot fit un signe indiquant qu'il occupait, dans l'Ordre Maçonnique, le rang de maître.

— Quel était ton nom parmi les profanes?

— François Billot.

— Quel est ton nom parmi les élus ?

— Force.

—Pourquoi désires-tu monter un degré, et être reçu parmi nous?

—Parce qu'on m'a dit que ce degré était un pas de plus vers la lumière universelle.

—As-tu des parrains?

—Je n'ai personne, que celui qui est venu au-devant de moi de lui-même et le premier, pour m'offrir de me faire recevoir.

Et Billot regarda fixement le président.

—Avec quel sentiment marcheras-tu dans la voie que tu veux te faire ouvrir?

—Avec la haine des puissants, avec l'amour de l'égalité.

— Qui nous répondra de cet amour de l'égalité, et de cette haine des puissants ?

—La parole d'un homme qui n'a jamais manqué à sa parole.

— Qui t'a inspiré cet amour de l'égalité ?

—La condition inférieure dans laquelle je suis né.

— Qui t'a inspiré cette haine des puissants ?

—C'est mon secret ; ce secret, tu le sais. Pourquoi veux-tu me faire répéter tout haut ce que j'hésite à me dire à moi-même tout bas?

— Marcheras-tu, t'engages-tu, dans la mesure de ta force et de ton pouvoir, à faire marcher tout ce qui t'entoure dans cette voie d'égalité?

— Oui.

— Dans la mesure de ta force et de ton pouvoir, renverseras-tu tout obstacle qui s'opposerait à la liberté de la France et à l'émancipation du monde?

— Oui.

Es-tu libre de tout engagement antérieur, ou, cet engagement pris, s'il était contraire aux promesses que tu viens de faire, es-tu prêt à le rompre.

— Oui.

Le président se retourna vers les six chefs masqués.

— Frères, reprit-il, cet homme dit vrai; c'est moi qui l'ai invité à être des nôtres. Une grande douleur le lie à notre cause par la fraternité de la haine. Il a déjà beaucoup fait pour la révolution, et peut beaucoup faire encore. Je me déclare son parrain, et je réponds de lui dans le passé, dans le présent et dans l'avenir.

— Qu'il soit reçu! dirent unanimement les six voix.

— Tu entends, dit le président. Es-tu prêt à faire le serment ?

— Dicte-le, dit Billot, et je le répèterai.

Le président leva la main, et, d'une voix lente et solennelle :

— Au nom du fils crucifié, dit-il, jure de briser les liens charnels qui t'attachent encore à père, mère, frères, sœurs, femme, parents, amis, maîtresse, rois, bienfaiteurs, et à tout être quelconque auquel tu auras promis foi, obéissance, gratitude ou service.

Billot répéta d'une voix plus ferme peut-être que ne l'était la voix du président, les mêmes paroles qu'il avait dites.

— Au nom du fils crucifié, je jure, dit-il, de briser les liens charnels qui m'attachent encore à père, mère, frères, sœurs, femme, parents, amis, maîtresse, rois, bienfaiteurs, et à tout être quelconque auquel j'ai promis foi, obéissance, gratitude ou service.

— Bien, dit le président; à partir de cette heure, tu es affranchi du prétendu serment fait à la patrie et aux lois. Jure donc de révéler au nouveau chef que tu reconnais ce que tu auras vu ou fait, lu ou entendu, appris ou deviné, et même de rechercher et d'épier ce qui ne s'offrirait pas à tes yeux.

— Je le jure, répéta Billot.

— Jure, continua le président, d'honorer et respecter le poison, le fer et le feu comme des moyens prompts, sûrs et nécessaires pour purger le globe, par la mort de ceux qui cherchent à avilir la vérité ou à l'arracher de nos mains.

— Je le jure, répéta Billot.

— Jure de fuir Naples, de fuir Rome, de fuir l'Espagne, de fuir toute terre maudite ; jure de fuir la tentation de rien révéler de ce que tu pourras voir et entendre dans nos assemblées ; car le tonnerre n'est pas plus prompt à frapper que ne le sera à t'atteindre, en quelque lieu que tu sois, le couteau invisible et inévitable.

— Je le jure, répéta Billot.

— Et, maintenant, dit le président, vis au nom du père, du fils et du Saint-Esprit.

Un frère caché dans l'ombre ouvrit la porte de la crypte dans laquelle se promenaient, en attendant que la triple réception fût finie, les frères inférieurs de l'ordre. Le président fit un signe à Billot, qui s'inclina et alla rejoindre les hommes auxquels le serment terrible prononcé par lui venait de l'associer.

— Le numéro 2, dit le président à haute voix lorsque la porte se fut refermée derrière le nouvel adepte.

La portière marquant la porte du corridor se souleva lentement, et le jeune homme vêtu de noir entra.

Il laissa retomber la portière derrière lui, et s'arrêta sur le seuil attendant que la parole lui fût adressée.

— Approche, dit le président.

Le jeune homme s'approcha.

Nous l'avons déjà dit, c'était un jeune homme de vingt à vingt-deux ans à peine, qui, grâce à sa peau blanche et fine, eût pu passer pour une femme. L'énorme cravate serrée qu'il portait seul, à cette époque, pouvait faire croire que l'éclat et la transparence de cette peau n'avait pas pour cause la pureté du sang, mais, tout au contraire, quelque maladie secrète ou cachée ; malgré sa grande taille et cette haute cravate, le col relativement paraissait court ; le front était bas, et la partie supérieure de la tête semblait déprimée. Il en résultait que les cheveux, sans être plus longs qu'on ne les portait d'habitude sur le front, touchaient presque aux yeux, et, derrière la tête, descendaient jusqu'aux épaules. Il y avait, en outre, dans toute sa personne, une raideur automatique qui semblait faire de ce jeune homme, à peine au seuil de la vie, un envoyé d'un autre monde, un député du tombeau.

Le président le regarda un instant

avec une certaine attention, avant de commencer l'interrogatoire.

Mais ce regard, mêlé d'étonnement et de curiosité, ne put faire baisser l'œil fixe du jeune homme.

Il attendit.

— Où as-tu reçu la lumière? lui demanda le président.

— Dans la loge des *Humanitaires*, de Laon.

— Quel âge as-tu?

— Cinq ans.

Et le récipiendaire fit un signe indiquant qu'il était compagnon dans la Franc-Maçonnerie.

— Quel était ton nom parmi les profanes ?

— Antoine Saint-Just.

— Quel est ton nom parmi les élus ?

— Humilité.

— Pourquoi désires-tu monter un degré, et être reçu parmi nous ?

— Parce qu'il est de l'essence de l'homme d'aspirer aux hauteurs, et que, sur les hauteurs, l'air est plus pur et la lumière plus brillante.

— As-tu un modèle ?

— Le philosophe de Genève, l'homme de la nature, l'immortel Rousseau.

— As-tu des parrains ?

— Oui.

— Combien ?

— Deux.

— Quels sont-ils ?

— Robespierre aîné et Robespierre jeune.

Avec quel sentiment marches-tu dans la voie que tu veux te faire ouvrir ?

— Avec la foi.

— Où cette voie doit-elle mener la France et le monde ?

— La France, à la liberté ! le monde, à l'affranchissement !

— Que donnerais-tu pour que la France et le monde arrivassent à ce but?

— Ma vie... c'est la seule chose que je possède, ayant déjà donné mon bien.

— Ainsi tu marcheras, et tu t'engages, dans la mesure de ta force et de ton pouvoir, à faire marcher tout ce qui t'entoure dans cette voie de liberté et d'affranchissement?

— Je marcherai et ferai marcher tout ce qui m'entourera dans cette voie.

— Ainsi, dans la mesure de ta force et de ton pouvoir, tu renverserais tout obstacle que tu rencontrerais sur ton chemin.

— Je le renverserais.

— Es-tu libre de tout engagement, ou, si quelque engagement était pris par toi, qui fût contraire aux promesses que tu viens de faire, le romprais-tu?

— Je suis libre.

Le président se retourna vers les six hommes masqués.

— Frères, dit-il, vous avez entendu?

— Oui, répondirent à la fois les six membres du cercle supérieur.

— A-t-il dit la vérité?

— Oui, répondirent-ils encore.

— Êtes-vous d'avis qu'il soit reçu?

— Oui, dirent-ils une dernière fois.

— Es-tu prêt à faire le serment? demanda le président.

— Je suis prêt, répondit Saint-Just.

Alors, mot pour mot, le président répéta dans sa triple période le même serment qui avait déjà été dicté à Billot.

Et, à chaque pause du président, Saint-Just, de sa voix ferme et stridente, répondit :

— Je le jure !

Le serment prêté, la même porte s'ouvrit sous la main du frère invisible, et, du même pas raide et automatique qu'il était entré, Saint-Just se retira, ne laissant évidemment en arrière ni un doute ni un regret.

Le président attendit que la porte de la crypte eût eu le temps de se refermer, et, d'une voix haute :

— Le numéro 3, dit-il.

La tapisserie se souleva une seconde fois, et le troisième adepte apparut.

Celui-là, nous l'avons dit, était un homme de quarante à quarante-deux ans, haut en couleur, presque bourgeonné, respirant par toute sa personne, malgré ces signes de vulgarité, un air aristocratique auquel se mêlait je ne sais quel parfum d'anglomanie visible au premier coup d'œil.

Son costume, quoique élégant, avait

un peu de cette sévérité que l'on commençait à adopter en France, et dont la véritable source était dans les relations que nous venions d'avoir avec l'Amérique.

Son pas, sans être chancelant, n'était ni ferme comme celui de Billot, ni raide comme celui de Saint-Just.

Seulement, dans son pas, ainsi que dans toute sa personne, on reconnaissait une certaine hésitation qui semblait lui être naturelle.

— Approche, dit le président.

L'adepte obéit.

— Où as-tu reçu la lumière ?

— Dans la loge des *Hommes libres*, de Paris.

— Quel âge as-tu ?

— Je n'ai plus d'âge.

Et le récipiendaire fit un signe maçonnique indiquant qu'il était revêtu de la dignité de Rose-Croix.

— Quel était ton nom parmi les profanes ?

— Louis-Philippe-Joseph, duc d'Orléans.

— Quel est ton nom parmi les élus ?

— Égalité.

— Pourquoi désires-tu être reçu parmi nous ?

— Parce qu'ayant toujours vécu parmi les grands, je désire, enfin, vivre parmi les hommes ; parce qu'ayant toujours vécu parmi des ennemis, je désire, enfin, vivre parmi des frères.

— As-tu des parrains ?

— J'en ai deux.

— Comment les nommes-tu ?

— L'un, le dégoût ; l'autre, la haine.

— Avec quel désir marches-tu dans la voie que tu veux te faire ouvrir?

— Avec le désir de me venger.

— De qui?

— De celui qui m'a méconnu, de celle qui m'a humilié.

— Pour arriver à ce résultat, que donnerais-tu?

— Ma fortune! plus que ma fortune, ma vie! plus que ma vie, mon honneur!

— Es-tu libre de tout engagement, ou, si quelque engagement était pris par toi qui fût contraire aux promesses que tu viens de faire, le romprais-tu?

— Depuis hier, tous mes engagements sont brisés.

— Frères, vous avez entendu? dit le président en se retournant vers les hommes masqués.

— Oui.

— Vous connaissez celui qui se présente pour accomplir l'œuvre avec nous?

— Oui.

— Et, le connaissant, vous êtes d'avis de le recevoir dans nos rangs?

— Oui, mais qu'il jure.

— Connais-tu le serment qu'il te reste à prononcer? dit le président au prince.

— Non; mais dites-le moi, et, quel qu'il soit, je le répèterai.

— Il est terrible... pour toi surtout.

— Pas plus terrible que les outrages que j'ai reçus.

— Si terrible, qu'après que tu l'auras entendu, nous te déclarons libre de te retirer, si tu doutes, au moment venu, de le tenir dans toute sa rigidité.

— Dites-le...

Le président fixa sur le récipiendaire son regard perçant; puis, comme s'il eût voulu le préparer peu à peu à la sanglante promesse, il intervertit l'ordre des paragraphes, et, commençant par le second, au lieu de commencer par le premier :

— Jure, dit-il, d'honorer le fer, le poison et le feu comme des moyens sûrs, prompts et nécessaires pour purger le globe par la mort de ceux qui cherchent à avilir la vérité ou à l'arracher de nos mains.

— Je le jure! dit le prince d'une voix ferme.

— Jure, continua le président, de briser les liens charnels qui t'attachent encore à père, mère, frères, sœurs, femme, parents, amis, maîtresse, roi, bienfaiteurs et à tout être quelconque à qui tu aurais promis foi, obéissance, gratitude ou service.

Le duc demeura un instant muet, et l'on put voir une sueur glacée perler sur son front.

— Je te l'avais bien dit! fit le président.

Mais, au lieu de répondre simplement « Je le jure, » ainsi qu'il l'avait fait à l'autre paragraphe, le duc, comme s'il eût voulu s'interdire tout moyen de revenir sur ses pas, répéta d'une voix sombre :

— Je jure de briser les liens charnels qui m'attachent encore à père, mère, frères, sœurs, femme, parents, amis, maîtresse, roi, bienfaiteurs et à tout être quelconque à qui j'aurais promis foi, obéissance, gratitude ou service.

Le président se retourna du côté des hommes masqués, qui se regardèrent entre eux, et l'on vit briller comme des éclairs leurs regards à travers les ouvertures de leurs masques.

Puis, s'adressant au prince :

— Louis-Philippe-Joseph duc d'Orléans, dit-il, à partir de ce moment, tu es affranchi du prétendu serment fait à la patrie et aux lois. Seulement, n'oublie pas une chose : c'est que, si tu nous trahissais, le tonnerre n'est pas plus prompt à frapper que ne le serait à t'atteindre, en quelque lieu que tu fusses caché, le couteau invisible et inévitable... Maintenant, vis, au nom du Père, du Fils et du Saint-Esprit !

Et, de la main, le président montra au prince la porte de la crypte, qui s'ouvrait devant lui.

Celui-ci, comme un homme qui vient de soulever un fardeau excédant la mesure de ses forces, passa sa main sur son front, respira bruyamment en faisant un effort pour arracher ses pieds de la terre.

— Ah! s'écria-t-il en s'élançant dans la crypte, je me vengerai donc!..

II

Compte-rendu.

Restés seuls, les six hommes masqués et le président échangèrent quelques paroles à voix basse.

Puis, tout haut :

— Que tout le monde soit introduit,

dit Cagliostro, je suis prêt à rendre les comptes que j'ai promis.

Aussitôt la porte s'ouvrit; les membres de l'association, qui se promenaient deux à deux ou causaient par groupes dans la crypte, furent introduits et encombrèrent de nouveau la salle habituelle de leurs séances.

A peine la porte fut-elle refermée derrière le dernier affilié, que Cagliostro, étendant la main, comme un homme qui sait la valeur du temps, et qui ne veut pas en perdre une seconde, dit à voix haute :

— Frères, quelques-uns de vous assistaient peut-être à une réunion qui avait lieu, il y a juste vingt ans, à cinq milles des bords du Rhin, à deux milles du village de Danenfels, dans une des grottes du mont Tonnerre. Si quelques-uns de vous y assistaient, que ces vénérables soutiens de la grande cause que nous avons embrassée lèvent la main et disent : « J'y étais ! »

Cinq ou six mains se levèrent dans la foule, et s'agitèrent au-dessus des têtes.

En même temps, cinq ou six voix répétèrent, comme l'avait demandé le président :

— J'y étais !

— Bien; c'est tout ce qu'il faut, dit l'orateur. Les autres sont morts, ou, dispersés sur la surface du globe, travaillent à l'œuvre commune, œuvre sainte, puisqu'elle est l'œuvre de l'humanité tout entière. — Il y a vingt ans, cette œuvre que nous allons suivre dans ses diverses périodes était à peine commencée; alors, le jour qui nous éclaire était à peine à son orient, et les plus fermes regards ne voyaient l'avenir qu'à travers le nuage que l'œil des élus seul peut percer. A cette réunion, j'expliquai par quel miracle la mort, qui n'est autre chose pour l'homme que l'oubli des temps révolus et des évènements passés, n'existait pas pour moi, ou plutôt m'avait, depuis vingt siècles, couché trente-deux fois dans la tombe, sans que les différents corps héritiers éphémères de mon âme immortelle aient subi cet oubli qui, comme je vous l'ai dit, est la seule véritable mort... J'ai donc pu suivre à travers les siècles le développement de la parole du Christ, et voir les peuples passer lentement, mais sûrement, de l'esclavage au servage, et du servage à cet état d'aspiration qui précède la liberté. Comme des étoiles de la nuit qui se hâtent, et qui, avant que le soleil soit couché, brillent déjà au ciel, nous avons vu successivement différents petits peuples de notre Europe essayer de la liberté. Rome, Venise, Florence, la Suisse, Gênes, Pize, Lucques, Arezzo, ces villes du Midi, où les fleurs s'ouvrent plus vite, où les fruits mûrissent plus tôt, firent, les unes après les autres, des essais de républiques dont deux ou trois ont survécu au temps, et bravent encore aujourd'hui la ligue des rois. Mais toutes ces républiques étaient et sont entachées du péché originel : les unes sont aristocratiques, les autres oligarchiques, les autres despotiques. Gênes, par exemple, une de celles qui survivent, est marquise; ses habitants, simples citoyens chez elle, sont tous nobles au-delà de ses murailles. Seule, la Suisse a quelques institutions démocratiques ; mais ses imperceptibles cantons, perdus au milieu de leurs montagnes, ne sont d'aucun exemple ni d'aucun secours au genre humain.

— Ce n'était donc pas cela qu'il nous

fallait : il nous fallait un grand pays qui ne reçut pas l'impulsion, mais qui la donnât; un rouage immense auquel s'engrenât l'Europe; une planète qui, en s'enflammant, pût éclairer le monde !..

Un murmure approbateur parcourut l'assemblée. Cagliostro reprit d'un air inspiré :

— J'interrogeai Dieu, le créateur de toutes choses, le moteur de tout mouvement, la source de tout progrès, et je vis que, du doigt, il me montrait la France... En effet, la France, catholique depuis le deuxième siècle, nationale depuis le onzième, militaire depuis le seizième; la France, que le Seigneur lui-même a appelée sa fille aînée, sans doute pour avoir le droit, aux grandes heures des dévouements, de la mettre sur la croix de l'humanité, comme il a fait du Christ ; en effet, la France, après avoir usé toutes les formes du gouvernement monarchique, — féodalité, seigneurie et aristocratie, — nous parut la plus apte à subir et à rendre notre influence ; guidés par le rayon céleste, comme l'étaient les Israélites par la colonne de feu, nous décidâmes que la France serait la première libre ! — Jetez les yeux sur la France d'il y a vingt ans, et vous verrez qu'il y avait une grande audace ou plutôt une foi sublime à entreprendre une pareille œuvre. La France d'il y a vingt ans était encore, entre les mains débiles de Louis XV, la France de Louis XIV, c'est-à-dire un grand royaume aristocratique où tous les droits étaient aux nobles, tous les privilèges aux riches. A la tête de cet état était un homme qui représentait à la fois ce qu'il y a de plus élevé et de plus bas, de plus grand et de plus petit, Dieu et le peuple ; cet homme pouvait, d'un mot, vous faire riche ou pauvre, heureux ou malheureux, libre ou captif, vivant ou mort ; cet homme avait trois petits-fils, trois jeunes princes appelés à lui succéder : le hasard faisait que celui qui avait été désigné par la nature pour son successeur, l'eût aussi été par la voix publique, s'il y avait eu une voix publique à cette heure-là. On le disait bon, juste, intègre, désintéressé, instruit, presque philosophe. Afin d'anéantir à tout jamais ces guerres désastreuses qu'avait allumées en Europe la fatale succession de Charles II, on venait de lui choisir pour femme la fille de Marie-Thérèse. Les deux grandes nations qui sont le véritable contrepoids de l'Europe, — la France au bord de l'océan Atlantique, l'Autriche au bord de la mer Noire, — allaient être indissolublement unies ; cela avait été calculé ainsi par Marie-Thérèse, la première tête politique de l'Europe. — C'était donc en ce moment où la France, appuyée sur l'Autriche, sur l'Italie et sur l'Espagne, allait entrer dans un règne nouveau, que nous choisîmes, non pas la France pour en faire le premier des royaumes, mais les

Français pour en faire le premier des peuples... Seulement, on se demanda qui entrerait dans cet antre du lion ; quel Thésée chrétien, guidé par la lumière de la foi, parcourrait les détours de l'immense labyrinthe, et affronterait le minotaure royal. Je répondis : « Moi ! » Puis, comme quelques esprits ardents, quelques organisations inquiètes s'informaient combien il me faudrait de temps pour accomplir la première période de mon œuvre, que je venais de diviser en trois périodes, je demandai vingt ans !... On se récria ! Comprenez-vous bien ? Les hommes étaient esclaves ou serfs depuis vingt siècles, et l'on se récria quand je demandai vingt ans pour faire les hommes libres !...

Cagliostro promena un instant son regard sur l'assemblée, où ses dernières paroles venaient de provoquer des sourires ironiques.

Puis il continua :

—Enfin, j'obtins ces vingt années... Je donnai à nos frères la fameuse devise : *Lilia pedibus destrue!* et je me mis à l'œuvre en invitant chacun à en faire autant.

J'entrai dans la France à l'ombre des arcs de triomphe; les lauriers et les roses faisaient une route de fleurs et de feuillages depuis Strasbourg jusqu'à Paris. Chacun criait : « Vive la dauphine! vive la future reine! » L'espérance tout entière du royaume était suspendue à la fécondité de l'hymen sauveur. — Maintenant, je ne veux pas me donner la gloire des initiatives ni le mérite des évènements. Dieu était avec moi; il a permis que je visse la main divine qui tenait les rênes de son char de feu. Dieu soit loué!... J'ai écarté les pierres du chemin; j'ai jeté un pont sur les fleuves; j'ai comblé les précipices, et le char a roulé, voilà tout! Or, frères, voyez ce qui s'est accompli depuis vingt ans :

Les parlements cassés;

La reine, sept ans stérile, mettant au jour, au bout de sept ans, des enfants contestés ; attaquée comme mère à la naissance du dauphin, déshonorée comme femme à l'affaire du collier;

Le roi, sacré sous le titre de *Louis le Désiré,* mis à l'œuvre de la royauté, impuissant en politique comme en amour; poussé, d'utopies en utopies, jusqu'à la banqueroute; de ministre en ministre, jusqu'à M. de Calonne;

L'assemblée des Notables réunie, et décrétant les États-Généraux;

Les États-Généraux, nommés par le suffrage universel, se déclarant Assemblée nationale;

La noblesse et le clergé vaincus par le tiers;

La Bastille prise;

Les troupes étrangères chassées de Paris et de Versailles ;

La nuit du 4 août montrant à l'aristocratie le néant de la noblesse ;

Les 5 et 6 octobre montrant au roi et à la reine le néant de la royauté ;

Le 14 juillet 1790 montrant au monde l'unité de la France ;

Les princes dépopularisés par l'émigration ;

Monsieur dépopularisé par le procès de Favras ;

Enfin, la Constitution jurée sur l'autel

de la patrie ; le président de l'Assemblée nationale assis sur un trône pareil à celui du roi ; la loi et la nation assises au-dessus d'eux ; l'Europe attentive, qui se penche sur nous, qui se tait et qui attend ; — tout ce qui n'applaudit pas qui tremble !

Frères, la France est-elle bien ce que j'avais dit qu'elle serait, c'est-à-dire la roue à laquelle va s'engrener l'Europe, le soleil auquel va s'éclairer le monde ?

— Oui ! oui ! crièrent toutes les voix.

— Maintenant, frères, continua Cagliostro, croyez-vous l'œuvre assez avancée pour qu'on puisse l'abandonner à elle-même? croyez-vous que, la Constitution jurée, on puisse se fier au serment royal?

— Non! non! crièrent toutes les voix.

— Alors, dit Cagliostro, c'est la seconde période révolutionnaire de la grande œuvre démocratique qu'il faut entreprendre. A vos yeux, comme aux miens, je m'en aperçois avec joie, la fédération de 1790 n'est pas un but; ce n'est qu'une halte. Soit; la halte est faite, le repos est pris; la cour s'est remise à son œuvre de contre-révolution ; ceignons nos reins à notre tour : remettons-nous en chemin. Sans doute, pour les cœurs timorés, il y aura bien des heures d'inquiétude, bien des moments de défaillance ; souvent le rayon qui nous éclaire paraîtra s'éteindre, la main qui nous guide semblera nous abandonner ; plus d'une fois, pendant cette longue période qu'il nous reste à accomplir, la partie semblera compromise, perdue même, par quelque accident imprévu, par quelque évènement fortuit ; tout semblera nous donner tort : les circonstances défavorables, le triomphe de nos ennemis, l'ingratitude de nos concitoyens ; beaucoup, — et des plus consciencieux peut-être, — arriveront à se demander à eux-mêmes, après tant de fatigues réelles et tant d'impuissance apparente, s'ils n'ont pas fait fausse route, et s'ils ne sont point engagés dans la mauvaise voie. Non, frères, non, je vous le dis à cette heure, — et que mes paroles sonnent éternellement à votre oreille, dans la victoire comme une fanfare de triomphe, dans la défaite comme un tocsin d'alarme ! — non, les peuples conducteurs ont leur mission sainte qu'ils doivent providentiellement, fatalement accomplir. Le Seigneur, qui les guide, a ses voies mystérieuses ne se révélant à nos yeux que dans la splendeur de leur accomplissement. Souvent une nuée le dérobe à nos regards, et on le croit absent ; souvent une idée recule et semble battre en retraite, quand, au contraire, comme ces anciens chevaliers des tournois du moyen-âge, elle prend du champ pour remettre sa lance en arrêt, et s'élancer de nouveau sur son adversaire, rafraîchie et plus ardente. Frères, frères, le but où nous tendons, c'est le phare allumé sur la haute montagne; vingt fois, pendant la route, les accidents du terrain nous le font perdre de vue, et on le croit éteint. Alors, les faibles murmurent, se plaignent, s'arrêtent disant : « Nous n'avons plus rien qui nous guide; nous marchons dans la nuit; restons où nous sommes ! A quoi bon nous égarer? » Les forts continuent, souriants et confiants, et bientôt le phare reparaît pour s'évanouir et reparaître encore, et, à chaque fois, plus visible et plus brillant, car il est plus rapproché. Et c'est ainsi qu'en luttant, en persévérant, en croyant surtout, arriveront les élus du monde au pied du phare sauveur dont la lumière doit un jour éclairer, non-seulement la France, mais encore tous les peuples!... Jurons donc, frères, jurons, pour nous et pour nos descendants, — car parfois l'idée ou le principe éternel usent à leur service plusieurs générations, — jurons donc, pour nous et pour nos descendants, de ne nous arrêter que lorsque nous aurons établi par toute la terre cette sainte devise du Christ dont nous avons déjà, ou à peu près, conquis la première partie : Liberté ! Égalité ! Fraternité!

Ces paroles de Cagliostro furent suivies d'une éclatante approbation ; mais, au milieu des cris et des bravos, tombant sur l'enthousiasme général comme ces gouttes d'eau glacée qui, de la voûte d'un rocher humide, tombent sur un front en sueur, se firent entendre ces paroles, prononcées d'une voix aigre et tranchante :

— Oui, jurons ; mais, auparavant, explique-nous comment tu comprends ces trois mots, afin que nous, tes simples apôtres, nous puissions les expliquer après toi.

Un regard perçant de Cagliostro sillonna la foule, et alla éclairer, comme le rayon d'un miroir, le pâle visage du député d'Arras.

—Soit, dit-il ; écoute donc, Maximilien.

Puis, haussant à la fois la main et la voix pour s'adresser à la foule :

— Écoutez, vous tous !

III

Liberté, Égalité, Fraternité.

Il se fit dans l'assemblée un de ces silences solennels qui donnent la mesure de l'importance qu'on accorde à ce qu'on va entendre.

— Oui, l'on a eu raison de me demander ce que c'est que la liberté, ce que c'est que l'égalité, ce que c'est que la fraternité... Je vais vous le dire. — Commençons par la liberté ; et, avant tout, frères, ne confondez pas la liberté avec l'indépendance ; ce ne sont point deux sœurs qui se ressemblent ; ce sont deux ennemies qui se haïssent. Presque tous les peuples qui habitent un pays de montagnes sont indépendants ; je ne sais si l'on peut dire qu'un seul, — la Suisse exceptée, — soit véritablement libre. Personne ne niera que le Calabrais, le Corse et l'Écossais ne soient indépendants ; nul n'osera dire qu'ils sont libres. Que le Calabrais se trouve blessé dans sa fantaisie, le Corse dans son honneur, l'Écossais dans ses intérêts, le Calabrais, qui ne peut recourir à la justice, — attendu qu'il n'y a pas de justice chez un peuple opprimé, — le Calabrais en appelle à son poignard; le Corse, à son stylet; l'Écossais, à son *dirk*; il frappe, son ennemi tombe, il est vengé ! la montagne est là qui lui offre un asile, et, à défaut de la liberté, invoquée vainement par l'homme des villes, il trouve l'indépendance des cavernes profondes, des grands bois, des hautes cimes. c'est-à-dire l'indépendance du renard, du chamois et de l'aigle. Mais aigles, chamois et renard, impassibles, invariables, indifférents spectateurs du grand drame humain qui se déroule sous leurs yeux, sont des animaux réduits à l'instinct et voués à la solitude. Les civilisations primitives, antiques, maternelles pourrait-on dire ; les civilisations de l'Inde, de l'Égypte, de l'Étrurie, de l'Asie-Mineure, de la Grèce et du Latium, qui, en réunissant leurs sciences, leurs religions, leurs arts, leurs poésies comme un faisceau de lumières qu'elles ont secoué sur le monde, pour éclairer à son berceau et dans ses développements la civilisation moderne, ont laissé les renards dans leurs terriers, les chamois sur leurs cimes, les aigles au milieu de leurs nuages. Pour eux, en effet, le temps passe, mais il n'y a pas de mesure ; pour eux, les sciences fleurissent, mais il n'y a pas de progrès ; pour eux, les nations naissent, grandissent et tombent, mais il n'y a pas d'enseignement. C'est que la Providence a borné le cercle de leurs facultés à l'instinct de la conservation individuelle, tandis que Dieu a donné à l'homme l'intelligence du bien et du mal, le sentiment du juste et de l'injuste, l'horreur de l'isolement, l'amour de la société. — Voilà pourquoi l'homme, né solitaire comme le renard, sauvage comme le chamois, isolé comme l'aigle, s'est réuni en familles, aggloméré en tribus, constitué en peuples. C'est que, comme je vous le disais, frères, l'individu qui s'isole n'a droit qu'à l'indépendance, et qu'au contraire, les hommes qui se réunissent ont droit à la liberté.

LA LIBERTÉ !

Ce n'est point une substance primitive

et unique comme l'or ; c'est une fleur, c'est un fruit, c'est un art, c'est un produit, enfin ; il faut la cultiver pour qu'elle éclose et mûrisse. — La liberté, c'est le droit de faire, au bénéfice de son intérêt, de sa satisfaction, de son bien-être, de son amusement, de sa gloire, tout ce qui ne blesse pas l'intérêt des autres ; c'est l'abandon d'une partie de l'indépendance individuelle pour en faire un fond de liberté générale où chacun puise à son tour, et en égale mesure. La liberté, enfin, c'est plus que tout cela : c'est l'obligation prise en face du monde de ne pas resserrer la somme de lumières, de progrès, de privilèges que l'on a conquise dans le cercle égoïste d'un peuple, d'une nation, d'une race ; mais, au contraire, de les répandre à pleines mains, soit comme individu, soit comme société, chaque fois qu'un individu pauvre ou qu'une société indigente vous demandera de partager votre trésor avec elle. Et ne craignez pas de l'épuiser, ce trésor, car la liberté a ce privilége divin de se multiplier par la prodigalité même, pareille à cette urne des grands fleuves qui arrosent la terre, et qui est d'autant plus pleine à sa source qu'ils sont plus abondants à leur embouchure. — Voilà ce que c'est que la liberté. Une manne céleste à laquelle chacun a droit, et que le peuple élu pour qui elle tombe doit partager avec tout peuple qui en réclame sa part!... Telle est la liberté comme je l'entends, continua Cagliostro sans même daigner répondre directement à celui qui l'avait interpellé. Passons à l'égalité.

Un immense murmure d'approbation s'èleva jusqu'aux voûtes embrassant l'orateur de cette caresse la plus douce de toutes, sinon au cœur, du moins à l'orgueil de l'homme, — la popularité !

Mais lui, comme habitué à ces ovations humaines, étendit la main pour réclamer le silence.

— Frères, dit-il, l'heure passe ; le temps est précieux ; chaque minute de ce temps, mise à profit par les ennemis de notre sainte cause, creuse un abîme sous nos pas, ou dresse un obstacle sur notre chemin. Laissez-moi donc vous dire ce que c'est que l'égalité, comme je vous ai dit ce que c'est que la liberté.

Il se fit, à la suite de ces paroles des *chuts* multipliés, puis un grand silence au milieu duquel la voix de Cagliostro monta claire, sonore, accentuée.

— Frères, dit-il, je ne vous fais pas l'injure de croire qu'un seul de vous, par ce mot séduisant d'égalité, ait compris un instant l'égalité de la matière et de l'intelligence. Non; vous savez très bien que l'une et l'autre égalité répugnent à la véritable philosophie, et que la nature elle-même a tranché cette grande question en plaçant l'hysope près du chêne, la colline près de la montagne, le ruisseau près du fleuve, le lac près de l'océan, la stupidité près du génie. Tous les décrets du monde n'abaisseront pas d'une coudée le Chimboraço, l'Himalaya ou le Mont-Blanc; tous les arrêtés d'une assemblée d'hommes n'éteindront point la flamme qui brûle au front d'Homère, de Dante et de Shakespeare. — Nul n'a pu avoir cette idée que l'égalité sanctionnée par la loi serait l'égalité matérielle et physique; que, du jour où cette loi serait inscrite sur les tables de la constitution, les générations auraient la taille de Goliath, la valeur du Cid, ou le génie de Voltaire. Non; individus et masses, nous avons parfaitement compris et nous devons parfaitement comprendre qu'il s'agit purement et simplement de l'égalité sociale. — Or, frères, qu'est-ce que l'égalité sociale?

L'ÉGALITÉ !

C'est l'abolition de tous les privilèges transmissibles ; le libre accès à tous les emplois, à tous les grades, à tous les rangs ; enfin, la récompense accordée au mérite, au génie, à la vertu, et non plus l'apanage d'une caste, d'une famille ou d'une race. Ainsi le trône, — en supposant qu'il reste un trône, — n'est ou plutôt ne sera qu'un poste plus élevé où pourra parvenir le plus digne ; tandis qu'à des degrés inférieurs, et selon leurs mérites, s'arrêteront ceux-là qui seront dignes des postes secondaires, sans que, pour rois, ministres, conseillers généraux, juges, on s'inquiète un instant, les voyant arriver, de quel point ils sont partis. Ainsi royauté ou magistrature, trône de monarque ou fauteuil de président ne seront plus l'apanage de l'hérédité dans la race : — *Election*. Ainsi, pour le conseil, pour la guerre, pour la justice, plus de privilèges dans une race : — *Aptitude*. Ainsi, pour les arts, les sciences, les lettres, plus de faveur : — *Concours*. Voilà l'égalité sociale !... Puis, au fur et à mesure qu'avec l'éducation, non-seulement gratuite et mise à la portée de tous, mais encore forcée pour tous, les idées grandiront, il faut que l'égalité monte avec elles. L'égalité, au lieu de demeurer les pieds dans la fange, doit siéger aux plus hauts sommets; une grande nation comme la France ne doit reconnaître que l'égalité qui élève, et non l'égalité qui abaisse ; l'égalité qui abaisse n'est plus celle du Titan, c'est celle du bandit; ce n'est plus la couche caucasienne de Prométhée, c'est le lit de Procuste. — Voilà l'égalité !

Il était impossible qu'une pareille définition ne réunît pas tous les suffrages dans une société d'hommes à l'esprit élevé, au cœur ambitieux, où chacun, à part quelques rares exceptions de modestie, devait voir naturellement dans son voisin un des degrés de son élévation future. Aussi les hourras, les bravos, les trépignements éclatèrent, attestant que ceux-là même,—et il y en avait quelques-uns dans l'assemblée,—qui devaient, au moment de la pratique, faire de l'égalité d'une autre façon que ne l'entendait Cagliostro, acceptaient, cependant, à cette heure de théories, l'égalité telle que la comprenait le puissant génie du chef étrange qu'ils s'étaient choisi.

Mais Cagliostro, plus ardent, plus illuminé, plus resplendissant à mesure que la question grandissait, Cagliostro réclama le silence comme il avait déjà fait, et, continuant d'une voix dans laquelle il était impossible de reconnaître la moindre fatigue ou de surprendre la plus légère hésitation :

Frères, dit-il, nous voici arrivés au

troisième mot de la devise, à celui que les hommes seront le plus longtemps à comprendre, et que, sans doute pour cette raison, le grand civilisateur a placé le dernier. Frères, nous voici arrivés à la fraternité.

LA FRATERNITÉ !

Oh! grand mot, s'il est bien compris! sublime parole, si elle est bien expliquée! — Dieu me garde de dire que celui qui, ayant mal mesuré la hauteur de ce mot, le prendra dans son acception étroite pour l'appliquer aux habitants d'un village, aux citoyens d'une ville, aux hommes d'un royaume soit un mauvais cœur... Non, frères, non, ce ne sera qu'un pauvre esprit. Plaignons les pauvres esprits ; tâchons de secouer les sandales de plomb de la médiocrité; déployons nos ailes, et planons au-dessus des idées vulgaires... Lorsque Satan voulut tenter Jésus, il le transporta sur la plus haute montagne du monde, du sommet de laquelle il pouvait lui montrer tous les royaumes de la terre, et non sur la tour de Nazareth, d'où il ne pouvait lui faire voir que quelques pauvres villages de la Judée. — Frères, ce n'est point à une ville, ce n'est point à un royaume même qu'il faut appliquer la fraternité : c'est au monde qu'il faut l'étendre !... Frères, un jour viendra où ce mot qui nous paraît sacré : *la patrie,* où cette parole qui nous paraît sainte : *la nationalité*, disparaîtront comme ces toiles de théâtre qui ne s'abaissent provisoirement que pour donner aux peintres et aux machinistes le temps de préparer des lointains infinis, des horizons incommensurables... Frères, un jour viendra où les hommes qui ont déjà conquis la terre et l'eau conquerront le feu et l'air ; où ils attèleront des coursiers de flamme, non-seulement à la pensée, mais encore à la matière ; où les vents, qui ne sont aujourd'hui que les courriers indisciplinés de la tempête, deviendront les messagers intelligents et dociles de la civilisation... Frères, un jour viendra, enfin, où les peuples, grâce à ces communications terrestres et aériennes, contre lesquelles les rois seront impuissants, comprendront qu'ils sont liés les uns aux autres par la solidarité des douleurs passées ; que ces rois, qui leur ont mis les armes à la main pour s'entredétruire, les ont poussés, non point à la gloire, comme ils le leur disaient, mais au fratricide, et qu'ils auront désormais compte à rendre à la postérité de toute goutte de sang tirée du corps du membre le plus infime de la grande famille humaine. — Alors, frères, vous verrez un magnifique spectacle se dérouler à la face du Seigneur : toute frontière idéale disparaîtra ; toute limite factice sera effacée ; les fleuves ne seront plus un obstacle, les montagnes ne seront plus un empêchement ; d'un côté à l'autre des fleuves, les peuples se donneront la main, et sur tout haut sommet s'élèvera un autel, — l'autel de la fraternité!... Frères, frères, frères, je vous le dis, voilà la vraie fraternité de l'apôtre. Le Christ n'est pas mort pour racheter les Nazaréens seulement; le Christ est mort pour racheter tous les peuples de la terre. Ne faites donc pas seulement de ces trois mots : liberté, égalité, fraternité, la devise de la France; inscrivez-les sur le labarum de l'humanité, comme la devise du monde!... — Et, maintenant, allez, frères ; votre tâche est grande; si grande, que, par quelque vallée de larmes ou de sang que vous passiez, vos descendants vous envieront la mission sainte que vous aurez accomplie; et, comme ces croisés qui se succédaient toujours plus nombreux et plus pressés par les chemins qui conduisaient aux saints lieux, ils ne s'arrêteront pas, quoique bien souvent ils ne reconnaîtront leur route qu'aux ossements blanchis de leurs pères! Courage donc, apôtres! courage donc, pèlerins! courage donc, soldats! Apôtres, convertissez! pèlerins, marchez! soldats, combattez!...

L'orateur s'arrêta, mais il ne se fut point arrêté de lui-même que les applaudissements, les bravos et les cris d'enthousiasme l'eussent interrompu.

Trois fois ils s'éteignirent et trois fois se ranimèrent grondant sous les murs de la crypte comme un orage souterrain.

Alors, les six hommes masqués s'inclinèrent l'un après l'autre devant Cagliostro, lui baisèrent la main et se retirèrent les premiers.

Puis chacun à son tour, s'inclinant devant cette estrade où, comme un autre Pierre Lhermite, l'apôtre de la liberté venait de prêcher la croisade universelle, passa répétant la devise fatale :

« *Lilia pedibus destrue.* »

Avec le dernier qui passa la lampe s'éteignit.

Et l'homme mystérieux qui semblait avoir assisté aux évènements du passé et porter en lui les destins de l'avenir, resta seul enseveli dans les entrailles de la terre, perdu dans le silence et l'obscurité, pareil à ces dieux de l'Inde, au culte desquels il prétendait avoir été initié deux mille ans auparavant.

IV

Les femmes et les fleurs.

Quelques mois après les évènements que nous venons de raconter, vers la fin de mars 1791, une voiture suivant rapidement le chemin d'Argenteuil à Bezons, faisant un détour à un demi-quart de lieue de la ville, s'avançait vers le château du Marais dont la grille s'ouvrait devant elle, et s'arrêtait au fond de la seconde cour, près de la première marche du perron.

L'horloge placée au fronton du bâtiment marquait huit heures du matin.

Un vieux domestique qui semblait attendre impatiemment l'arrivée de la voiture se précipita vers la portière, qu'il ouvrit, et un homme entièrement vêtu de noir s'élança sur les degrés.

— Ah! monsieur Gilbert, dit le valet de chambre, vous voici, enfin!

— Qu'y a-t-il donc, mon pauvre Teisch? demanda le docteur.

— Hélas! monsieur, vous allez voir, dit le domestique.

Et, marchant devant le docteur, il lui fit traverser la salle de billard, dont les lampes, allumées sans doute à une heure avancée de la nuit, brûlaient encore; puis la salle à manger, dont la table, couverte de fleurs, de bouteilles débouchées, de fruits et de pâtisseries, attestait un souper qui s'était prolongé au-delà des heures habituelles.

Gilbert jeta sur sur cette scène de désordre, qui lui prouvait combien peu ses prescriptions avaient été suivies, un regard douloureux; puis, haussant les épaules avec un soupir, il s'engagea dans l'escalier qui conduisait à la chambre de Mirabeau, située au premier.

— Monsieur le comte, dit le domestique en pénétrant le premier dans cette chambre, voici le docteur Gilbert.

— Comment, le docteur! dit Mirabeau, on a été le chercher pour une pareille niaiserie?

— Niaiserie! murmura le pauvre Teisch. Jugez-en vous-même, monsieur.

— Oh! docteur, dit Mirabeau en se soulevant sur son lit, croyez que je suis aux regrets que, sans me consulter, on vous ait dérangé ainsi...

— D'abord, mon cher comte, ce n'est jamais me déranger que me susciter une occasion de vous voir. Vous savez que je n'exerce que pour quelques amis, et, à ceux-là, je leur appartiens tout entier. — Voyons, qu'est-il arrivé ? et surtout pas de secrets pour la faculté… — Teisch, tirez les rideaux, et ouvrez les fenêtres.

Cet ordre exécuté, le jour envahit la chambre de Mirabeau, jusque-là dans la pénombre, et le docteur put voir le changement qui s'était fait dans toute la personne du célèbre orateur, depuis un mois à peu près qu'il ne l'avait rencontré.

— Ah ! ah ! fit-il malgré lui.

— Oui, dit Mirabeau, je suis changé, n'est-ce pas? Je vais vous dire d'où cela vient.

Gilbert sourit tristement; mais, comme un médecin intelligent tire toujours parti de ce que lui dit son malade, dût-il lui dire un mensonge, il le laissa faire.

— Vous savez, continua Mirabeau, quelle question on débattait hier?

— Oui, celle des mines.

— C'est une question encore mal connue, peu ou point approfondie. Les intérêts des propriétaires et du gouvernement ne sont pas assez distincts. D'ailleurs, le comte de la Mark, mon ami intime était très intéressé dans la question : la moitié de sa fortune en dépendait. Sa bourse, cher docteur, a toujours été la mienne ; il faut être reconnaissant ; j'ai parlé ou plutôt j'ai chargé cinq fois. A la dernière charge, j'ai mis les ennemis en déroute, mais je suis resté sur le carreau. Cependant, en rentrant, j'ai voulu célébrer la victoire jusqu'à trois heures du matin... A trois heures du matin, on s'est couché ; à cinq, j'ai été pris par des douleurs d'entrailles ; j'ai crié comme un imbécile ; Teisch a eu peur comme un poltron, et il vous a envoyé chercher. Maintenant, vous êtes aussi savant que moi. Voici le pouls, voici la langue... Je souffre comme un damné ; tirez-moi de là, si vous pouvez ; quant à moi, je vous déclare que je ne m'en mêle pas !

Gilbert était un trop habile médecin pour ne pas voir, sans le secours de la langue ou du pouls, la gravité de la situation de Mirabeau. Le malade était près de suffoquer, respirait avec peine, avait le visage gonflé par l'arrêt du sang dans les poumons ; il se plaignait de froid aux extrémités, et, de temps en temps, la violence de la douleur lui arrachait, soit un soupir, soit un cri.

Le docteur voulut, cependant, confirmer son opinion, déjà presque arrêtée par l'examen du pouls.

Le pouls était convulsif et intermittent.

— Allons, dit Gilbert, ce ne sera rien pour cette fois-ci, mon cher comte, mais il était temps!

Et il tira sa trousse de sa poche avec cette rapidité et ce calme qui sont les signes distinctifs du véritable génie.

— Ah! ah! dit Mirabeau, vous allez me saigner?

— A l'instant même.

— Au bras droit ou au bras gauche?

— Ni à l'un ni à l'autre... vous n'avez

déjà les poumons que trop engorgés. Je vais vous saigner au pied, tandis que Teisch va aller chercher à Argenteuil de la moutarde et des cantharides, pour que nous vous appliquions des sinapismes... Prenez ma voiture, Teisch.

— Diable! fit Mirabeau, il paraît que, comme vous le disiez, docteur, il était temps?

Gilbert, sans lui répondre, procéda à l'instant même à l'opération, et bientôt un sang noir et épais, après avoir hésité un instant à sortir, jaillit du pied du malade.

Le soulagement fut instantané.

— Ah ! morbleu ! dit Mirabeau respirant plus à l'aise, décidément vous êtes un grand homme, docteur !

— Et vous un grand fou, comte ! de risquer ainsi une vie si précieuse à vos amis et à la France pour quelques heures de faux plaisir.

Mirabeau sourit avec mélancolie, presque ironiquement.

— Bah ! mon cher docteur, dit-il, vous vous exagérez le cas que mes amis et la France font de moi !

— En vérité, dit en riant Gilbert, les grands hommes se plaignent toujours de l'ingratitude des autres, et ce sont eux, en réalité, qui sont ingrats ! Soyez malade sérieusement, et, demain, vous aurez tout Paris sous vos fenêtres ; mourez après-demain, et vous aurez toute la France à votre convoi.

— Savez-vous que c'est très consolant, ce que vous me dites-là, répondit en riant Mirabeau.

— C'est justement parce que vous pouvez voir l'un sans risquer l'autre, que je vous dis cela, et, en vérité, vous avez besoin d'une grande démonstration qui vous remonte le moral. Laissez-moi vous ramener à Paris dans deux heures, comte ; laissez-moi dire au commissionnaire du premier coin de rue que vous êtes malade, et vous verrez !

— Vous croyez que je puis être transporté à Paris ?

— Aujourd'hui même, oui... Qu'éprouvez-vous ?

— Je respire plus librement ; ma tête se dégage ; le brouillard que j'avais devant les yeux disparaît ; je souffre toujours des entrailles.

— Oh ! cela regarde les sinapismes, mon cher comte ; la saignée a fait son œuvre ; c'est au tour des sinapismes à faire la leur... Eh, tenez, justement voici Teisch.

En effet, Teisch entra au moment même avec les ingrédiens demandés. Un quart d'heure après, le mieux prédit par le docteur était produit.

— Maintenant, dit Gilbert, je vous laisse une heure de repos, et je vous emmène.

— Docteur, dit Mirabeau en riant, voulez-vous me permettre de ne partir que ce soir, et de vous donner rendez-vous dans mon hôtel de la Chaussée-d'Antin, à onze heures?

Gilbert regarda Mirabeau; le malade comprit que son médecin avait deviné la cause de ce retard.

— Que voulez-vous, dit Mirabeau, j'ai une visite à recevoir...

— Mon cher comte, répondit Gilbert, j'ai vu bien des fleurs sur la table de la salle à manger ; ce n'était pas seulement un souper d'amis que vous avez donné hier ?

— Vous savez que je ne saurais me passer de fleurs ; c'est ma folie.

— Oui, mais les fleurs ne vont pas seules, comte.

— Dame ! si les fleurs me sont nécessaires, il faut bien que je subisse les *conséquences* de cette nécessité.

— Comte, comte, vous vous tuerez ! dit Gilbert.

— Avouez, docteur, que ce sera du moins un charmant suicide.

— Comte, je ne vous quitte pas de la journée.

— Docteur, j'ai donné ma parole ; vous ne voudriez pas m'y faire manquer !

— Vous serez ce soir à Paris ?

— Je vous ai dit que je vous attendrais à onze heures dans mon petit hôtel de la rue de la Chaussée-d'Antin. L'avez-vous vu déjà ?

— Pas encore.

— C'est une acquisition que j'ai faite de Julie, la femme de Talma... En vérité, je me sens tout à fait bien, docteur !

— C'est-à-dire que vous me chassez ?

— Oh ! par exemple !

— Au reste, vous faites bien ; je suis de quartier aux Tuileries.

— Ah ! ah ! vous verrez la reine, dit Mirabeau en s'assombrissant.

— Probablement... Avez-vous quelque message pour elle ?

Mirabeau sourit amèrement.

— Je ne prendrais point pareille liberté, docteur ; ne lui dites pas même que vous m'avez vu.

— Pourquoi cela ?

— Parce qu'elle vous demanderait si j'ai sauvé la monarchie, comme je lui ai promis de le faire, et vous seriez obligé de lui répondre que non... Du reste, ajouta Mirabeau avec un rire nerveux, il y a bien autant de sa faute que de la mienne !

— Vous ne voulez pas que je lui dise que votre excès de travail, que votre lutte à la tribune vous tuent?

Mirabeau réfléchit un instant.

— Oui, répondit-il, dites-lui cela... Faites-moi même, si vous le voulez, plus malade que je ne suis.

— Pourquoi?

— Pour rien... par curiosité... pour me rendre compte de quelque chose.

— Soit.

— Vous me promettez cela, docteur?

— Je vous le promets.

— Et vous me répéterez ce qu'elle aura dit ?

— Ses propres paroles.

— Bien... Adieu, docteur ! mille fois merci !

Et il tendit la main à Gilbert.

Gilbert regarda fixement Mirabeau, que ce regard parut embarrasser.

— A propos, dit le malade, avant de vous en aller, que prescrivez-vous ?

— Oh ! dit Gilbert, des boissons chaudes et purement délayantes : chicorée ou bourrache ; diète absolue, et surtout...

— Surtout ?

— Pas de garde-malade qui ait moins de cinquante ans, vous entendez, comte !

— Docteur, dit Mirabeau en riant, plutôt que de manquer à votre ordonnance, j'en prendrais deux de vingt-cinq !

A la porte, Gilbert rencontra Teisch.

Le pauvre garçon avait les larmes aux yeux.

— Oh! monsieur, dit-il, pourquoi vous en allez-vous?

— Je m'en vais parce qu'on me chasse, mon cher Teisch, dit Gilbert en riant.

— Et tout cela pour cette femme! murmura le vieillard; et tout cela parce que cette femme ressemble à la reine!... Un homme qui a tant de génie, à ce que l'on dit... Mon Dieu! faut-il être bête!

Et, sur cette conclusion, il ouvrit la portière à Gilbert, qui remonta en voiture tout préoccupé, et se demandant tout bas :

— Que veut-il dire avec cette femme qui ressemble à la reine ?

Un instant, il arrêta le bras de Teisch comme pour l'interroger ; mais, tout bas encore :

— Eh bien, qu'allais-je faire ? dit-il. C'est le secret de M. de Mirabeau, et non le mien... — Cocher, à Paris !

V

Ce que le roi avait dit, ce qu'avait dit la reine.

Gilbert s'acquitta scrupuleusement de la double promesse faite à Mirabeau.

En rentrant dans Paris, il rencontra Camille Desmoulins, la gazette vivante, le journal incarné du temps.

Il lui annonça la maladie de Mirabeau qu'il fit plus grande, avec intention, non pas qu'elle ne pouvait devenir si Mirabeau faisait quelque nouvelle imprudence, mais qu'elle n'était en ce moment.

Puis il alla aux Tuileries, et annonça cette même maladie au roi.

Le roi se contenta de dire :

— Ah ! ah ! pauvre comte ! Et a-t-il perdu l'appétit ?

— Oui, Sire, répondit Gilbert.

— Alors, c'est grave? dit le roi.

Et il parla d'autre chose.

Gilbert, en sortant de chez le roi, entra chez la reine, et lui répéta ce qu'il avait dit au roi.

Le front hautain de la fille de Marie-Thérèse se plissa.

— Pourquoi, dit-elle, cette maladie ne l'a-t-elle point pris le matin du jour où il a fait son beau discours sur le drapeau tricolore ?

Puis, comme si elle se repentait d'avoir laissé échapper devant Gilbert l'expression de sa haine pour ce signe de la nationalité française.

— N'importe, dit-elle, ce serait bien

malheureux pour la France et pour nous si cette indisposition faisait des progrès.

— Je croyais avoir eu l'honneur de dire à la reine, reprit Gilbert, que c'était plus qu'une indisposition, que c'était une maladie.

— Dont vous vous rendrez maître, docteur, dit la reine.

— J'y ferai mon possible, madame ; mais je n'en réponds pas.

— Docteur, dit la reine, je compte sur vous, vous entendez bien, pour me donner des nouvelles de M. de Mirabeau.

Et elle parla d'autre chose.

Le soir, à l'heure dite, Gilbert montait l'escalier du petit hôtel de Mirabeau.

Mirabeau l'attendait couché sur une chaise longue ; mais, comme on l'avait fait demeurer quelques instants au salon, sous prétexte de prévenir le comte de sa présence, il jeta, en entrant, un regard autour de lui, et ses yeux s'arrêtèrent sur une écharpe de cachemire oubliée sur un fauteuil.

Mais, soit pour détourner l'attention de Gilbert, soit qu'il attachât une grande importance à la question qui devait suivre les premières paroles échangées entre lui et le docteur :

— Ah! dit Mirabeau, c'est vous... J'ai appris que vous avez déjà tenu une partie de votre promesse : Paris sait que je suis malade, et le pauvre Teisch n'a pas, depuis deux heures, été dix minutes sans donner de mes nouvelles à mes amis qui viennent voir si je vais mieux, et peut-être à mes ennemis qui viennent voir si je vais plus mal. — Voilà pour la première partie ; maintenant, avez-vous été aussi fidèle à la seconde?

— Que voulez-vous dire, demanda Gilbert en souriant.

— Vous le savez bien.

Gilbert haussa les épaules en signe de négation,

— Avez-vous été aux Tuileries ?

— Oui.

— Avez-vous vu le roi ?

— Oui.

— Avez-vous vu la reine ?

— Oui.

— Et vous leur avez annoncé qu'ils seraient bientôt débarrassés de moi ?

— Je leur ai annoncé que vous étiez malade, du moins.

— Et qu'ont-ils dit ?

— Le roi a demandé si vous aviez perdu l'appétit.

— Et, sur votre réponse affirmative ?..

— Il vous a plaint très sincèrement.

— Bon roi! le jour de sa mort, il dira à ses amis, comme Léonidas : « Je soupe ce soir chez Pluton! » Mais la reine ?...

— La reine vous a plaint et s'est informée de vous avec intérêt.

— En quels termes, docteur, dit Mirabeau, qui attachait évidemment une grande valeur à la réponse qu'allait lui faire Gilbert.

— Mais en très bons termes, dit le docteur.

— Vous m'avez donné votre parole de me répéter textuellement ce qu'elle vous aurait dit.

— Oh ! je ne saurais me rappeler mot pour mot.

— Docteur, vous n'en avez pas oublié une syllabe.

— Je vous jure...

— Docteur, j'ai votre parole : voulez-vous que je vous traite d'homme sans foi ?

— Vous êtes exigeant, comte!

— Voilà comme je suis.

— Vous voulez absolument que je vous répète les paroles de la reine?

— Mot pour mot.

— Eh bien, elle a dit que cette maladie aurait dû vous prendre le matin du jour où vous avez défendu à la tribune le drapeau tricolore.

Gilbert voulait juger de l'influence que la reine avait sur Mirabeau.

Celui-ci bondit sur sa chaise longue,

comme s'il eût été mis en contact avec une pile de Volta.

— Ingratitude des rois! murmura-t-il. Ce discours a suffi pour lui faire oublier la liste civile de vingt-quatre millions du roi, et son douaire de quatre millions, à elle; mais elle ne sait donc pas, cette femme, elle ignore donc, cette reine, qu'il s'agissait de reconquérir d'un seul coup ma popularité perdue pour elle? Mais elle ne se souvient donc plus que j'ai proposé l'ajournement de la réunion d'Avignon à la France pour soutenir les scrupules religieux du roi; — faute! Elle ne se souvient donc plus que, pendant ma présidence aux Jacobins, présidence de trois mois qui

m'a pris dix ans de ma vie, j'ai défendu
la loi de la garde nationale, restreinte
aux citoyens actifs ; — faute ! Elle ne se
souvient donc plus que, dans la discussion à l'Assemblée du projet de loi sur le
serment des prêtres, j'ai demandé qu'on
restreignît le serment aux prêtres confesseurs ; — faute ! Oh ! ces fautes, ces
fautes, je les ai bien payées, continua
Mirabeau, et, cependant, ce ne sont point
ces fautes qui m'ont fait tomber ; — car
il y a des époques étranges, singulières,
anormales, où l'on ne tombe point par les
fautes que l'on commet.—Un jour, pour
eux encore, j'ai défendu une question de
justice, d'humanité : on attaquait la fuite
des tantes du roi ; on proposait une loi
contre l'émigration : « Si vous faites une

loi contre les émigrants, me suis-je écrié, je jure de n'y obéir jamais ! » Et le projet de loi a été rejeté à l'unanimité. Eh bien, ce que n'avaient pu faire mes échecs, mon triomphe l'a fait. On m'a appelé dictateur; on m'a lancé à la tribune par la voie de la colère, la pire des routes que puisse prendre un orateur. Je triomphai une seconde fois, mais en attaquant les Jacobins; — alors, les Jacobins jurèrent ma mort, les niais! Duport, Lameth, Barnave, ils ne voient pas qu'en me tuant, ils donnent la dictature de leur tripot à Robespierre! Moi qu'ils eussent dû garder comme la prunelle de leurs yeux, ils m'ont écrasé sous leur stupide majorité; ils ont fait couler sur mon visage la sueur de sang; ils m'ont fait boire le calice d'amertume jusqu'à la lie ; ils m'ont couronné d'épines, mis le roseau entre les mains, crucifié enfin ! heureux d'avoir subi cette passion, comme le Christ, pour une question d'humanité.— Le drapeau tricolore ! ils ne voient donc pas que c'est leur seul refuge ; que, s'ils voulaient venir loyalement, publiquement s'asseoir à son ombre, cette ombre les sauverait encore peut-être. Mais, la reine, elle ne veut pas être sauvée : elle veut être vengée ; elle ne goûte aucune idée raisonnable ; le moyen que je propose comme le seul efficace est celui qu'elle repousse le plus : être modéré ! être juste ! et, autant que possible, avoir toujours raison ! — J'ai voulu sauver deux choses à la fois ; la royauté et la liberté; lutte ingrate dans laquelle je combats, seul, abandonné, contre quoi? Si c'était contre des hommes, ce ne serait rien ; contre des tigres, ce ne serait rien ; contre des lions, ce ne serait rien... Non, c'est contre un élément, contre la mer, contre le flot qui monte, contre la marée qui grandit! Hier, j'en avais jusqu'à la cheville; aujourd'hui, j'en ai jusqu'au genou; demain, j'en aurai jusqu'à la ceinture; après demain, par-dessus la tête!... Aussi, tenez, docteur, il faut que je sois franc avec vous : le chagrin m'a pris d'abord, puis le dégoût. J'avais rêvé le rôle d'arbitre entre la révolution et la monarchie; je croyais prendre ascendant sur la reine comme homme, et, comme homme, un beau jour qu'elle se serait aventurée imprudemment dans le fleuve et aurait perdu pied, me jeter à l'eau et la sauver; mais non, on n'a jamais voulu s'aider sérieusement de moi, docteur: on a voulu me compromettre, me dépopulariser, me perdre, m'annihiler, me rendre impuissant au mal comme au bien. Aussi, maintenant, ce que j'ai de mieux à faire, docteur, je vais vous le dire, c'est de mourir à temps ; c'est surtout de me coucher artistement comme l'athlète antique ; c'est de tendre la gorge avec grâce ; c'est de rendre le dernier soupir convenablement.

Et Mirabeau se laissa retomber sur sa chaise longue, dont il mordit l'oreiller à pleines dents.

Gilbert savait ce qu'il voulait savoir, c'est-à-dire où étaient la vie et la mort de Mirabeau.

— Comte, demanda-t-il, que diriez-vous si, demain, le roi envoyait prendre de vos nouvelles ?

Le malade fit un mouvement des épaules qui voulait dire : « Cela me serait bien égal ! ».

— Le roi... ou la reine ? ajouta Gilbert.

— Hein ! fit Mirabeau en se redressant.

— Je dis le roi ou la reine, répéta Gilbert.

Mirabeau se souleva sur ses deux poings comme un lion accroupi, et essaya de lire jusqu'au fond du cœur de Gilbert.

— Elle ne le fera pas! dit-il.

— Mais, enfin, si elle le faisait?...

— Vous croyez, dit Mirabeau, qu'elle descendrait jusque-là?

— Je ne crois rien; je suppose, je présume.

— Soit, dit Mirabeau ; j'attendrai jusqu'à demain au soir.

— Que voulez-vous dire ?

— Prenez les mots dans le sens qu'ils ont, docteur, et ne voyez pas en eux autre chose que ce qu'ils veulent dire... J'attendrai jusqu'à demain au soir.

— Et demain au soir ?

— Eh bien ! demain au soir, si elle a envoyé, docteur ; si, par exemple, M. Weber est venu, vous avez raison, et c'est moi qui ai tort... Mais, si, au contraire, il n'est pas venu, oh ! alors, c'est vous qui avez tort, docteur, et c'est moi qui ai raison.

— Soit. A demain au soir... Jusque-là, mon cher Démosthènes, du calme, du repos, de la tranquillité !

— Je ne quitterai pas ma chaise longue.

— Et cette écharpe?

Gilbert montra du doigt l'objet qui, le premier, avait frappé ses yeux en entrant dans la chambre.

Mirabeau sourit.

— Parole d'honneur! dit-il.

— Bon! dit Gilbert; tâchez de passer

une nuit paisible, et je réponds de vous.

Et il sortit.

A la porte, Teisch l'attendait.

— Eh bien, mon brave Teisch, ton maître va mieux, dit le docteur.

Le vieux serviteur secoua tristement la tête.

— Comment, reprit Gilbert, tu doutes de ma parole?

— Je doute de tout, monsieur le docteur, tant que son mauvais génie sera près de lui.

Et il poussa un soupir en éclairant Gilbert dans l'étroit escalier.

A l'angle d'un des paliers, Gilbert vit comme une ombre voilée qui l'attendait.

Cette ombre, en l'apercevant, jeta un léger cri, et disparut derrière une porte entr'ouverte pour lui faciliter cette retraite, qui ressemblait à une fuite.

— Quelle est cette femme? demanda Gilbert.

— C'est elle! répondit Teisch.

— Qui, elle?

— La femme qui ressemble à la reine.

Gilbert, pour la seconde fois, parut frappé de la même idée en entendant la même phrase; il fit deux pas en avant, comme s'il eût voulu poursuivre le fantôme; mais il s'arrêta en murmurant:

— Impossible!

Et il continua son chemin, laissant le vieux domestique désespéré qu'un homme aussi savant que l'était le docteur n'entreprît point d'adjurer le démon, qu'il tenait, dans sa conviction la plus profonde, pour un envoyé de l'enfer.

Mirabeau passa une assez bonne nuit. Le lendemain, de bonne heure, il appela

Teisch, et fit ouvrir sa fenêtre pour respirer l'air du matin.

La seule chose qui inquiétât le vieux serviteur, c'était l'impatience fébrile à laquelle le malade paraissait en proie.

Quand, interrogé par son maître, il avait répondu qu'il était huit heures à peine, Mirabeau n'avait pas voulu le croire, et s'était fait apporter sa montre pour s'en assurer.

Cette montre, il l'avait posée sur sa table, à côté de son lit.

— Teisch, dit-il au vieux domestique, vous prendrez en bas la place de Jean, qui fera aujourd'hui le service près de moi.

— Oh! mon Dieu! dit Teisch, aurais-je eu le malheur de mécontenter monsieur le comte?

— Au contraire, mon bon Teisch, dit Mirabeau attendri, c'est parce que je ne me fie qu'à toi que je te place aujourd'hui à la porte... A chaque personne qui viendra demander de mes nouvelles, tu diras que je vais mieux, mais que je ne reçois pas encore... Seulement, si l'on vient de la part de la... — Mirabeau s'arrêta et se reprit : — seulement, si l'on vient du château, si l'on envoie des Tuileries, tu feras monter le messager; tu entends bien? Sous quelque prétexte que ce soit, tu ne le laisseras en aller sans que je le voie, sans que je lui parle... Tu vois bien, mon bon Teisch, qu'en t'éloignant de moi, je t'élève à l'emploi de confident.

Teisch prit la main de Mirabeau, et la baisa.

— Oh! monsieur le comte, dit-il, si seulement vous vouliez vivre!

Et il sortit.

— Parbleu! dit Mirabeau en le regardant s'éloigner, voilà justement le difficile!

A dix heures, Mirabeau se leva et s'habilla avec une sorte de coquetterie. Jean le coiffa et le rasa, puis il lui approcha un fauteuil de la fenêtre.

De cette fenêtre, il pouvait voir dans la rue.

A chaque coup de marteau, à chaque vibration de la sonnette, on eût pu voir, de la maison d'en face, son visage anxieux apparaître derrière le rideau soulevé, son regard perçant plonger jusques dans la rue, puis le rideau retomber pour se relever de nouveau à la prochaine vibration de la sonnette ou au prochain coup de marteau.

A deux heures, Teisch monta, suivi

d'un laquais. Le cœur de Mirabeau battit violemment : le laquais était sans livrée.

La première idée qui lui passa par l'esprit, c'est que cette espèce de grison venait de la part de la reine, et était ainsi vêtu pour ne point compromettre celle qui l'envoyait.

Mirabeau se trompait.

— De la part de M. le docteur Gilbert, dit Teisch.

— Ah! fit Mirabeau en pâlissant comme s'il eût eu vingt-cinq ans, et qu'attendant un messager de madame de Monnier, il eût vu arriver un coureur de son oncle le bailli.

— Monsieur, dit Teisch, comme ce garçon venait de la part de M. le docteur Gilbert, et qu'il est porteur d'une lettre pour vous, j'ai cru pouvoir faire en sa faveur une exception à la consigne.

— Et tu as bien fait, dit le comte.

Puis, au laquais :

— La lettre ? demanda-t-il.

Celui-ci la tenait à la main et la présenta au comte.

Mirabeau l'ouvrit : elle ne contenait que ces quelques mots :

« Donnez-moi de vos nouvelles. Je serai chez vous à onze heures du soir. J'espère que le premier mot que vous me direz, c'est que j'avais raison et que vous aviez tort. »

— Tu diras à ton maître que tu m'as trouvé debout, et que je l'attends ce soir, dit Mirabeau au laquais.

Puis, à Teisch :

— Que ce garçon s'en aille content, dit-il.

Teisch fit signe qu'il comprenait, et emmena le grison.

Les heures se succédèrent; la sonnette

ne cessait de vibrer, le marteau de retentir; Paris tout entier s'inscrivait chez Mirabeau. Il y avait, dans la rue, des groupes d'hommes du peuple qui, ayant appris la nouvelle, non pas telle qu'elle était, mais telle que les journaux l'avaient dite, ne voulaient pas croire aux bulletins rassurants de Teisch, et forçaient les voitures de prendre à droite et à gauche de la rue, pour que le bruit des roues ne fatiguât point l'illustre malade.

Vers les cinq heures, Teisch jugea à propos de faire une seconde apparition dans la chambre de Mirabeau, afin de lui annoncer cette nouvelle.

— Ah! dit Mirabeau en le voyant,

mon pauvre Teisch, j'avais cru que tu avais quelque chose de mieux à m'apprendre.

— Quelque chose de mieux? dit Teisch étonné; je ne croyais pas que je pusse annoncer à monsieur le comte quelque chose de mieux qu'une pareille preuve d'amour.

— Tu as raison, Teisch, dit Mirabeau, et je suis un ingrat.

Aussi, quand Teisch eut refermé la porte, Mirabeau ouvrit-il la fenêtre.

Il s'avança sur le balcon, et fit, de la main, un signe de remerciement aux braves gens qui s'étaient établis les gardiens de son repos.

Ceux-ci le reconnurent, et les cris de : « Vive Mirabeau ! » retentirent d'un bout à l'autre de la rue de la Chaussée-d'Antin.

A quoi pensait Mirabeau, pendant qu'on lui rendait cet hommage inattendu, qui, en toute autre circonstance, eût fait bondir son cœur de joie ?

Il pensait à cette femme hautaine qui ne s'inquiétait point de lui, et son œil allait chercher, au-delà des groupes pressés aux alentours de sa maison, s'il n'apercevait pas quelque laquais en livrée bleue venant du côté des boulevards.

Il rentra dans sa chambre, le cœur serré; l'ombre commençait à venir : il n'avait rien vu.

La soirée s'écoula comme la journée. L'impatience de Mirabeau s'était changée en une sombre amertume; son cœur, sans espérance, n'allait plus au devant de la sonnette et du marteau; non, il attendait, le visage empreint d'une sombre amertume, cette preuve d'intérêt qui lui était presque promise, et qui n'arrivait pas.

A onze heures, la porte s'ouvrit, et Teisch annonça le docteur Gilbert.

Celui-ci entrait souriant; il fut effrayé de l'expression du visage de Mirabeau.

Ce visage était le miroir fidèle des bouleversements de son cœur.

Gilbert se douta de tout.

— N'est-on pas venu? demanda-t-il.

— D'où cela? dit Mirabeau.

— Vous savez bien ce que je veux dire.

— Moi, non, sur mon honneur!

— Du château... de sa part... au nom de la reine?...

— Pas le moins du monde, mon cher docteur; il n'est venu personne.

— Impossible! fit Gilbert.

Mirabeau haussa les épaules.

— Naïf homme de bien! lui dit-il.

Puis, saisissant la main de Gilbert avec un mouvement convulsif:

— Voulez-vous que je vous dise ce que vous avez fait aujourd'hui, docteur? demanda-t-il.

— Moi? dit le docteur; j'ai fait à peu près ce que je fais tous les jours.

— Non, car tous les jours vous n'allez pas au château, et, aujourd'hui, vous y avez été ; non, car tous les jours vous ne voyez pas la reine, et, aujourd'hui, vous l'avez vue ; non, car tous les jours vous ne vous permettez pas de lui donner des conseils, et, aujourd'hui, vous lui en avez donné un !

— Allons donc! dit Gilbert.

— Tenez, cher docteur, je vois ce qui s'est passé, et j'entends ce qui s'est dit comme si j'avais été là.

— Eh bien, voyons, monsieur l'homme à la double vue, que s'est-il passé? que s'est-il dit?

— Vous vous êtes présenté aux Tuileries aujourd'hui à une heure ; vous avez demandé à parler à la reine; vous lui avez parlé; vous lui avez dit que mon état empirait; qu'il serait bon à elle comme reine, bien à elle comme femme, d'envoyer demander des nouvelles de ma santé, sinon par sollicitude, au moins par calcul. Elle a discuté avec vous; elle a paru convaincue que vous aviez raison; elle vous a congédié en disant qu'elle allait envoyer chez moi; vous vous êtes en allé heureux et satisfait, comptant sur la parole royale... et, elle, elle est restée hautaine et amère, riant de votre crédulité, qui ignore qu'une parole royale n'engage à rien... Voyons, foi d'honnête homme, dit Mirabeau en regardant Gilbert en face, est-ce cela, docteur?

— En vérité, dit Gilbert, vous eussiez été là, mon cher comte, que vous n'eussiez pas mieux vu ni mieux entendu.

— Les maladroits! dit Mirabeau avec amertume, quand je vous disais qu'ils ne savaient rien faire à propos... La livrée du roi entrant chez moi aujourd'hui au milieu de cette foule qui criait : « Vive Mirabeau ! » devant ma porte et sous mes fenêtres, leur redonnait pour un an de popularité !

Et Mirabeau, secouant la tête, porta vivement la main à ses yeux.

Gilbert étonné le vit essuyer une larme.

— Qu'avez-vous donc, comte? lui demanda-t-il.

— Moi?... rien! dit Mirabeau. Avez-vous des nouvelles de l'Assemblée nationale, des Cordeliers ou des Jacobins? Robespierre a-t-il distillé quelque nouveau discours, ou Marat vomi quelque nouveau pamphlet?

— Y a-t-il longtemps que vous avez mangé? demanda Gilbert.

— Pas depuis deux heures de l'après-midi.

— En ce cas, vous allez vous mettre au bain, mon cher comte.

— Tiens, en effet, c'est une excellente idée que vous avez là, docteur... — Jean! un bain!

— Ici, monsieur le comte?

— Non, non, à côté, dans le cabinet de toilette.

Dix minutes après, Mirabeau était au bain, et, comme d'habitude, Teisch reconduisait Gilbert.

Mirabeau se souleva de sa baignoire pour suivre des yeux le docteur; puis, lorsqu'il l'eut perdu de vue, il tendit l'oreille pour écouter le bruit de ses pas; puis il resta ainsi immobile jusqu'à ce qu'il eût entendu s'ouvrir et se refermer la porte de l'hôtel.

Alors, sonnant violemment :

— Jean, dit-il, faites dresser une table dans ma chambre, et allez demander de ma part à Oliva si elle veut me faire la grâce de souper avec moi.

Puis, comme le laquais sortait pour obéir :

— Des fleurs surtout ! des fleurs ! cria Mirabeau ; j'adore les fleurs !...

A quatre heures du matin, le docteur Gilbert fut réveillé par un violent coup de sonnette.

— Ah! dit-il en sautant à bas de son lit, je suis sûr que M. de Mirabeau est plus mal!

Le docteur ne se trompait pas : Mirabeau, après s'être fait servir à souper, après avoir fait couvrir la table de fleurs, avait renvoyé Jean, et ordonné à Teisch d'aller se coucher.

Puis il avait fermé toutes les portes, excepté celle qui donnait chez la femme inconnue que le vieux domestique appelait son mauvais génie.

Mais les deux serviteurs ne s'étaient point couchés; Jean, seulement, quoique le plus jeune, s'était endormi sur un fauteuil dans l'antichambre.

Teisch avait veillé.

A quatre heures moins un quart, un violent coup de sonnette avait retenti; tous deux s'étaient précipités vers la chambre à coucher de Mirabeau.

Les portes en étaient fermées.

Alors, ils eurent l'idée de faire le tour par l'appartement de la femme inconnue, et purent pénétrer ainsi jusqu'à la chambre à coucher.

Mirabeau renversé, à demi-évanoui, retenait cette femme entre ses bras, sans doute pour qu'elle ne pût pas appeler du secours, et elle, épouvantée, sonnait avec la sonnette de la table, n'ayant pu aller jusqu'au cordon de sonnette de la cheminée.

En apercevant les deux domestiques, elle avait appelé autant à son secours qu'au secours de Mirabeau ; dans ses convulsions, Mirabeau l'étouffait.

On eût dit la mort déguisée et essayant de l'entraîner dans le tombeau.

Grâce aux efforts réunis des deux domestiques, les bras du moribond s'étaient écartés ; Mirabeau était retombé sur son siége, et elle, tout éplorée, était rentrée dans son appartement.

Jean avait, alors, couru chercher le

docteur Gilbert, tandis que Teisch essayait de donner les premiers soins à son maître.

Gilbert ne prit ni le temps de faire atteler, ni celui de faire approcher une voiture; de la rue Saint-Honoré à la Chaussée-d'Antin, la course n'était pas longue; il suivit Jean, et, dix minutes après, il était arrivé à l'hôtel de Mirabeau.

Teisch attendait dans le vestibule du bas.

— Eh bien, mon ami, qu'y a-t-il encore? demanda Gilbert.

— Ah! monsieur, dit le vieux serviteur, cette femme! toujours cette femme!.. et puis ces maudites fleurs!.. Vous allez voir, vous allez voir!

En ce moment, on entendit quelque chose comme un sanglot; Gilbert monta précipitamment ; comme il arrivait aux dernières marches de l'escalier, une porte voisine de la porte de Mirabeau s'ouvrit, et une femme enveloppée d'un peignoir blanc apparut tout à coup, et vint tomber aux pieds du docteur.

— Oh! Gilbert! Gilbert! dit-elle en lui jetant ses deux mains sur la poitrine, au nom du ciel, sauvez-le!

— Nicole! s'écria Gilbert, Nicole!... Oh! malheureuse, c'était donc vous?...

— Sauvez-le! sauvez-le! dit Nicole.

Gilbert resta un instant comme abîmé dans une idée terrible.

— Oh! murmura-t-il, Beausire vendant des pamphlets contre lui... Nicole sa maîtresse... Il est bien véritablement perdu, car il y a du Cagliostro là-dessous!

Et il s'élança dans l'appartement de Mirabeau, comprenant bien qu'il n'y avait pas un instant à perdre.

VI

Vive Mirabeau !

Mirabeau était sur son lit ; il avait repris connaissance. — Les débris du souper, les plats, les fleurs étaient là, témoins aussi accusateurs que le sont, au fond d'un vase, les restes du poison près du lit d'un suicidé.

Gilbert s'avança vivement vers lui, et respira en le voyant.

— Ah! ah! dit-il, il n'est pas encore aussi mal que je le craignais!

Mirabeau sourit.

— Vous croyez, docteur? dit-il.

Et il secoua la tête en homme qui pense connaître son état au moins aussi bien que le docteur, qui parfois veut se tromper lui-même, afin de mieux tromper les autres.

Cette fois, Gilbert ne s'arrêta point aux diagnostics extérieurs; il tâta le pouls;

le pouls était vite et élevé ; il regarda la langue : la langue était pâteuse et amère ; il s'enquit de l'état de la tête : la tête était lourde et douloureuse ; un commencement de froid se faisait sentir aux extrémités inférieures.

Tout à coup, les spasmes que le malade avait éprouvés deux jours auparavant reparurent, se jetant tour à tour sur les omoplates, sur les clavicules et sur le diaphragme ; le pouls, qui, ainsi que nous l'avons dit, était vite et élevé, devint intermittent et convulsif.

Gilbert ordonna les mêmes révulsifs qui avaient amené un premier mieux.

Par malheur, soit que le malade n'eût

point la force de supporter le douloureux remède, soit qu'il ne voulût point être guéri, au bout d'un quart-d'heure, il se plaignit de douleurs si vives sur toutes les régions sinapisées, qu'il fallut lui enlever les sinapismes.

Dès lors, le mieux qui s'était manifesté pendant cette opération disparut.

Notre intention n'est point de suivre dans toutes leurs variations les phases de la terrible maladie. Seulement, dès le matin de ce jour, le bruit s'en répandit dans la ville, et, cette fois, plus sérieusement que la veille.

Il y avait eu rechute, disait-on, et cette rechute menaçait de mort.

C'est alors qu'il fut réellement permis de juger de la place gigantesque que peut occuper un homme au milieu d'une nation ! Paris tout entier fut ému comme au jour où une calamité générale menace à la fois les individus et la population. Toute la journée, comme cela avait déjà eu lieu la veille, la rue fut barrée et gardée par des hommes du peuple, afin que le bruit des voitures ne parvînt pas jusqu'au malade ; d'heure en heure, les groupes rassemblés sous les fenêtres demandaient des nouvelles : des bulletins étaient remis qui, à l'instant même, circulaient de la rue de la Chaussée-d'Antin aux extrémités de Paris ; la porte était assiégée par une foule de citoyens de tous les états, de toutes les opinions, comme si chaque parti, si opposé qu'il fût aux autres, eût eu quelque chose à perdre en perdant Mirabeau. Pendant ce temps, les amis, les parents et les connaissances particulières du grand orateur remplissaient les cours, les vestibules et l'appartement du bas, sans que lui-même eût l'idée de cet encombrement.

Au reste, peu de paroles avaient été échangées entre Mirabeau et le docteur Gilbert.

— Décidément vous voulez donc mourir? avait dit le docteur.

— A quoi bon vivre? avait répondu Mirabeau.

Et Gilbert, s'étant rappelé les engagements pris par Mirabeau envers la reine et les ingratitudes de celle-ci, Gilbert n'avait pas insisté autrement, se promettant à lui-même de faire jusqu'au bout son devoir de médecin, mais sachant d'avance qu'il n'était pas un Dieu pour lutter contre l'impossible.

Le soir de ce premier jour de la rechute, la société des Jacobins envoya, pour s'informer de la santé de son ex-président, une députation à la tête de laquelle était Barnave; on avait voulu adjoindre à Barnave les deux Lameth, mais ceux-ci avaient refusé.

Lorsque Mirabeau fut instruit de cette circonstance :

— Ah! ah! dit-il, je savais bien que c'étaient des lâches, mais je ne savais pas que ce fussent des imbéciles!

Pendant vingt-quatre heures, le docteur Gilbert ne quitta pas un instant Mirabeau. Le mercredi soir, vers onze heures, il était assez bien pour que Gilbert consentît à passer dans une chambre voisine, afin d'y prendre quelques heures de repos.

Avant de se coucher, le docteur ordonna qu'à la moindre réapparition des accidents, on vînt l'avertir à l'instant même.

Au point du jour, il se réveilla; personne n'avait troublé son sommeil, et, cependant, il se leva inquiet : il lui semblait impossible qu'un mieux se fût soutenu ainsi sans un accident quelconque.

En effet, en descendant, Teisch annonça au docteur avec des larmes plein les yeux et plein la voix, que Mirabeau était au plus mal ; mais qu'il avait défendu, quelque souffrance qu'il eût éprouvées, qu'on réveillât le docteur Gilbert.

Et, pourtant, le malade avait dû cruellement souffrir : le pouls avait repris le caractère le plus effrayant ; les douleurs s'étaient développées avec férocité ; enfin, les étouffements et les spasmes étaient revenus.

Plusieurs fois, — et Teisch avait attribué cela à un commencement de délire, — le malade avait prononcé le nom de la reine.

— Les ingrats! avait-il dit; ils n'ont pas même fait demander de mes nouvelles!

Puis, comme se parlant à lui-même :

— Je m'étonne bien, avait-il ajouté, ce qu'elle dira quand elle apprendra, demain ou après-demain, que je suis mort!

Gilbert pensa que tout allait dépendre de la crise qui se préparait ; aussi, se disposant à lutter vigoureusement contre la maladie, il ordonna une application de sangsues à la poitrine; mais, comme si elles eussent été complices du moribond, les sangsues mordirent mal; on les remplaça par une seconde saignée au pied, et par des pillules de musc.

L'accès dura huit heures. — Pendant huit heures, comme un habile duelliste, Gilbert fit, pour ainsi dire, assaut avec la mort, parant chaque coup qu'elle portait, allant au-devant de quelques-uns, mais touché aussi quelquefois par elle. Enfin, au bout de huit heures, la fièvre tomba, la mort battit en retraite; mais, comme un tigre qui fuit pour revenir, elle imprima sa griffe terrible sur le visage du malade.

Gilbert demeura debout et les bras croisés devant ce lit où venait de s'accomplir la terrible lutte. Il était trop avant dans les secrets de l'art, non-seulement pour conserver quelque espoir, mais même pour douter encore.

Mirabeau était perdu! — et, dans le cadavre étendu devant ses yeux, malgré un reste d'existence, il lui était impossible de voir Mirabeau vivant.

A partir de ce moment, chose étrange! le malade et Gilbert, d'un commun accord, et comme frappés d'une même idée, parlèrent de Mirabeau ainsi que d'un homme qui avait été, mais qui avait cessé d'être.

A partir de ce moment aussi, la physionomie de Mirabeau prit ce caractère de solennité qui appartient essentiellement à l'agonie des grands hommes : sa voix devint lente, grave, presque prophétique ; il y eut, dès lors, dans sa parole, quelque chose de plus sévère, de plus profond, de plus vaste ; dans ses sentiments, quelque chose de plus affectueux, de plus abandonné, de plus sublime.

On lui annonça qu'un jeune homme qui ne l'avait vu qu'une fois, et qui ne voulait pas dire qui il était, insistait pour entrer.

Il se retourna du côté de Gilbert

comme pour lui demander la permission de recevoir ce jeune homme.

Gilbert le comprit.

— Faites entrer, dit-il à Teisch.

Teisch ouvrit la porte : un jeune homme de dix-neuf à vingt ans parut sur le seuil, s'avança lentement, s'agenouilla devant le lit de Mirabeau, prit sa main, et la baisa en éclatant en sanglots.

Mirabeau semblait chercher dans sa mémoire un vague souvenir.

— Ah! dit-il tout à coup, je vous

reconnais, vous êtes le jeune homme d'Argenteuil.

— Mon Dieu! soyez béni! dit le jeune homme, voilà tout ce que je vous demandais!

Et, se levant en appuyant ses deux mains sur ses yeux, il sortit.

Quelques secondes après, Teich entra tenant à la main un billet que le jeune homme avait écrit dans l'antichambre.

Il contenait ces simples paroles:

« En baisant la main de M. de Mirabeau à Argenteuil, je lui ai dit que j'étais prêt à mourir pour lui.

« Je viens acquitter ma parole.

« J'ai lu hier, dans un journal anglais, que la transfusion du sang avait, dans un cas pareil à celui où se trouve l'illustre malade, été exécutée avec succès à Londres.

« Si, pour sauver M. de Mirabeau, la transfusion du sang était jugée utile, j'offre le mien. Il est jeune et pur.

« Marnais. »

En lisant ces quelques lignes, Mirabeau ne put retenir ses larmes.

Il ordonna qu'on fit rentrer le jeune homme; mais, voulant sans doute échapper à cette reconnaissance si bien méritée, celui-ci était parti en laissant sa double adresse à Paris et à Argenteuil.

Quelques instants après, Mirabeau consentit à recevoir tout le monde : MM. de la Mark et Frochot, ses amis ; madame du Saillant, sa sœur ; madame d'Aragon, sa nièce.

Seulement, il refusa de voir un autre médecin que Gilbert, et, comme celui-ci insistait :

— Non, docteur, dit-il ; vous avez eu tous les inconvénients de ma maladie ; si vous me guérissez, il faut que vous ayez tout le mérite de la guérison.

De temps en temps, il voulait savoir qui avait pris de ses nouvelles, et, quoiqu'il ne demandât point : « La reine a-t-elle envoyé du château ? » Gilbert devinait, au soupir que poussait le moribond quand il arrivait à la fin de la liste, que le seul nom qu'il eût désiré y trouver était justement celui qui ne s'y trouvait pas.

Alors, sans parler du roi ni de la reine, — Mirabeau n'était pas encore assez mourant pour en arriver là, — il se lançait avec une éloquence admirable dans la politique générale, et particulièrement dans celle qu'il eût suivie vis-à-vis de l'Angleterre, s'il eût été ministre.

C'était avec Pitt surtout qu'il se fût trouvé heureux de lutter corps à corps.

— Oh! ce Pitt! s'écria-t-il une fois, c'est le ministre des préparatifs... Il gouverne avec ce dont il menace, plutôt qu'avec ce qu'il fait! — *Si j'eusse vécu,* je lui eusse donné du chagrin.

De temps en temps, une clameur montait jusqu'aux fenêtres; c'était un triste cri de : « Vive Mirabeau! » poussé par le peuple; cri qui semblait une prière, et plutôt une crainte qu'une espérance.

Alors, Mirabeau écoutait et faisait ouvrir la fenêtre pour que ce bruit rémunérateur de tant de souffrances endurées arrivât jusqu'à lui ; pendant quelques secondes, il demeurait les mains et les oreilles tendues, aspirant à lui, et comme absorbant en lui toute cette rumeur.

Puis il murmurait :

— Oh ! bon peuple ! peuple calomnié, injurié, méprisé comme moi ! Il est juste que ce soient *eux* qui m'oublient, et toi qui me récompenses !

La nuit arriva. Gilbert ne voulut point quitter le malade ; il fit approcher du lit la chaise longue, et se coucha dessus.

Mirabeau le laissa faire : depuis qu'il était sûr de mourir, il semblait ne plus craindre son médecin.

Dès que le jour parut, il fit ouvrir les fenêtres.

— Mon cher docteur, dit-il à Gilbert, c'est aujourd'hui que je mourrai. Quand on en est où je suis, on n'a plus qu'à se parfumer et à se couronner de fleurs, afin d'entrer le plus agréablement possible dans le sommeil dont on ne se réveille plus !... Ai-je la permission de faire ce que je voudrai ?

Gilbert lui fit signe qu'il était parfaitement le maître.

Alors, il appela ses deux domestiques.

— Jean, dit-il, ayez-moi les plus belles

fleurs que vous pourrez trouver, tandis que Teisch va se charger, lui, de me faire le plus beau possible.

Jean sembla demander, des yeux, permission à Gilbert, qui, de la tête, lui fit signe que oui.

Il sortit.

Quant à Teisch, qui avait été fort malade la veille, il commença à raser et à friser son maître.

— A propos, lui dit Mirabeau, tu étais malade hier, mon pauvre Teisch ; comment vas-tu aujourd'hui ?

— Oh ! très bien, mon cher maître,

répondit l'honnête serviteur, et je vous souhaite d'être à ma place.

— Eh bien, moi, répondit Mirabeau en riant, pour peu que tu tiennes à la vie, je ne te souhaite pas d'être à la mienne!

En ce moment, un coup de canon retentit. D'où venait-il? on n'en sut jamais rien.

Mirabeau tressaillit.

— Oh! dit-il en se redressant, sont-ce déjà les funérailles d'Achille?

A peine Jean, vers lequel tout le monde s'était précipité à sa sortie de l'hôtel, afin d'avoir des nouvelles de l'illustre malade, eut-il dit qu'il allait chercher des fleurs, que des hommes coururent par les rues en criant : « Des fleurs pour M. de Mirabeau ! » et que toutes les portes s'ouvrirent, chacun offrant ce qu'il en avait, soit dans ses appartements, soit dans ses serres; de sorte qu'en moins d'un quart-d'heure, l'hôtel fut encombré des fleurs les plus rares.

A neuf heures du matin, la chambre de Mirabeau était transformée en un véritable parterre.

En ce moment, Teisch venait de lui achever sa toilette.

— Mon cher docteur, dit Mirabeau, je

vous demanderai un quart-d'heure pour faire mes adieux à quelqu'un qui doit quitter l'hôtel avant moi. Si l'on voulait insulter cette personne, je vous la recommande.

Gilbert comprit.

— Bien, dit-il, je vais vous laisser.

— Oui, mais vous attendrez dans la chambre à côté... Cette personne une fois sortie, vous ne me quitterez plus jusqu'à ma mort.

Gilbert fit un signe affirmatif.

— Donnez-moi votre parole, dit Mirabeau.

Gilbert la donna en balbutiant. Cet homme stoïque était tout étonné de se trouver des larmes, lui qui croyait, à force de philosophie, être arrivé à l'insensibilité.

Puis il s'avança vers la porte.

Mirabeau l'arrêta.

— Avant de sortir, dit-il, ouvrez mon secrétaire, et donnez-moi une petite cassette qui s'y trouve.

Gilbert fit ce que désirait Mirabeau.

Cette cassette était lourde ; Gilbert jugea qu'elle devait être pleine d'or.

Mirabeau lui fit signe de la poser sur sa table de nuit, puis il lui tendit la main.

— Vous aurez la bonté de m'envoyer Jean, dit-il. Jean, vous entendez bien ? pas Teisch... Il me fatigue d'appeler ou de sonner.

Gilbert sortit. Jean attendait dans l'antichambre voisine, et, par la même ouverture qui donnait sortie à Gilbert, il entra.

Derrière Jean, Gilbert entendit la porte se refermer au verrou.

La demi-heure qui suivit fut employée

par Gilbert à donner des nouvelles du malade à tous ceux qui encombraient la maison.

Les nouvelles étaient désespérées ; il ne cacha point à toute cette foule que Mirabeau ne passerait sans doute pas la journée.

Une voiture s'arrêta devant la porte de l'hôtel.

Un instant il eut l'idée que c'était une voiture de la cour qu'on avait, par considération, laissée approcher malgré la défense générale.

Il courut à la fenêtre. C'eût été une si

douce consolation pour le mourant de savoir que la reine s'occupait de lui!

C'était une simple voiture de place que Jean venait d'aller chercher.

Il devina pour qui.

En effet, quelques minutes après, Jean sortit conduisant une femme voilée par une grande mante.

Cette femme monta dans la voiture.

Devant cette voiture, sans s'inquiéter quelle était cette femme, la foule s'écarta respectueusement.

Jean rentra.

Un instant après, la porte de la chambre de Mirabeau se rouvrit, et l'on entendit la voix affaiblie du malade qui demandait le docteur.

Gilbert courut à lui.

— Tenez, dit Mirabeau, remettez cette cassette à sa place, mon cher docteur.

Puis, comme celui-ci semblait étonné de la trouver ausssi lourde qu'auparavant.

— Oui, n'est-ce pas, dit Mirabeau, c'est curieux ?... Où diable le désintéressement va-t-il se nicher !

En revenant près du lit, Gilbert trouva

à terre un mouchoir brodé et tout garni de dentelles.

Il était trempé de larmes.

— Ah! dit-il à Mirabeau, elle n'a rien emporté; mais elle a laissé quelque chose.

Mirabeau prit le mouchoir, et, le sentant tout humide, il l'appliqua sur son front.

— Oh! murmura-t-il, il n'y a donc qu'*elle* qui n'a pas de cœur?...

Et il retomba sur son lit les yeux fermés; de sorte qu'on eût pu le croire évanoui ou mort sans le râle de sa poitrine qui indiquait qu'il était seulement en train de mourir.

VII

Fuir! fuir! fuir!

En effet, à partir de ce moment, les quelques heures que vécut encore Mirabeau ne furent plus qu'une agonie.

Gilbert n'en tint pas moins la promesse donnée, et resta attaché à son lit jusqu'à la dernière minute.

D'ailleurs, si douloureux qu'il soit, c'est toujours un grand enseignement pour la médecine et le philosophe, que le spectacle de cette dernière lutte entre la matière et l'âme.

Plus le génie a été grand, plus il est curieux d'étudier comment ce génie soutient le combat contre la mort, qui doit finir par le dompter.

Puis, l'âme du docteur trouvait encore, à la vue de ce grand homme expirant, une autre source de réflexions sombres.

Pourquoi Mirabeau mourait-il, lui, l'homme au tempérament athlétique, à la constitution herculéenne?

N'était-ce point parce qu'il avait étendu la main pour soutenir cette monarchie qui allait croulant? N'était-ce point parce que s'était appuyée un instant à son bras cette femme de malheur qu'on appelait Marie-Antoinette?

Cagliostro ne lui avait-il pas prédit quelque chose de pareil à cette mort à l'endroit de Mirabeau? Et ces deux êtres étranges qu'il avait rencontrés, l'un tuant la réputation, l'autre tuant la santé du grand orateur de la France, devenu le soutien de la monarchie, n'étaient-ils pas, pour lui, Gilbert, une preuve que toute chose faisant obstacle devait, comme la Bastille, s'écrouler devant cet homme, ou plutôt devant l'idée qu'il représentait?

Pendant que Gilbert était plongé au plus profond de ses pensées, Mirabeau fit un mouvement, et ouvrit les yeux.

Il rentrait dans la vie par la porte de la douleur.

Il essaya de parler : ce fut inutilement ; mais, loin de paraître affecté de ce nouvel accident, dès qu'il se fut bien assuré que sa langue était muette, il sourit et essaya de faire passer dans ses yeux le sentiment de reconnaissance qu'il éprouvait pour Gilbert et pour ceux dont les soins l'accompagnaient dans cette suprême et dernière étape dont le but était la mort.

Cependant, une idée unique semblait

le préoccuper. Gilbert pouvait seul la deviner, et la devina.

Le malade ne pouvait apprécier la durée de l'évanouissement dont il venait de sortir. Avait-il duré une heure? avait-il duré un jour? Pendant cette heure ou pendant ce jour, la reine avait-elle envoyé demander de ses nouvelles?...

On fit monter le registre qui se trouvait en bas, et où chacun, soit qu'il vînt comme messager, soit qu'il vînt pour son propre compte, écrivait son nom.

Aucun nom connu pour être de l'intimité royale ne dénonça, de ce côté, même une sollicitude déguisée.

On fit venir Teisch et Jean ; on les interrogea : personne, ni valet de chambre ni huissier, n'était venu.

On vit, alors, Mirabeau tenter un effort suprême pour prononcer quelques paroles, un de ces efforts comme dut en faire le fils de Cyrus lorsque, voyant son père menacé de mort, il parvint à briser les liens qui enchaînaient sa langue, et à crier : « O femme! ne tue pas Cyrus! »

Il réussit.

— Oh! s'écria-t-il, il ne savent donc pas que, moi mort, ils sont perdus?... J'emporte avec moi le deuil de la monarchie; et, sur ma tombe, les factieux s'en partageront les lambeaux !

Gilbert se précipita vers le malade ; pour un habile médecin, il y a espoir tant qu'il y a vie. D'ailleurs, ne fût-ce que pour permettre à cette bouche éloquente de prononcer encore quelques mots, ne devait-il pas employer toutes les ressources de l'art?

Il prit une cuillère, y versa quelques gouttes de cette liqueur verdâtre dont une fois déjà il avait donné un flacon à Mirabeau, et, sans la mélanger, cette fois, avec de l'eau-de-vie, il l'approcha des lèvres du malade.

— Oh! cher docteur, dit celui-ci en souriant, si vous voulez que la liqueur de vie agisse sur moi, donnez-moi la cuillère pleine et le flacon entier.

— Comment cela? demanda Gilbert en regardant fixement Mirabeau.

— Croyez-vous, répondit celui-ci, que moi, l'abuseur de tout par excellence, j'aie eu ce trésor de vie entre les mains sans en abuser? Non pas; j'ai fait décomposer votre liqueur, mon cher Esculape; j'ai appris qu'elle se tirait de la racine du chanvre indien, et, alors, j'en ai eu, non-seulement par gouttes, mais encore par cuillerées; non-seulement pour vivre, mais encore pour rêver!

— Malheureux! malheureux! murmura Gilbert, je m'étais bien douté que je vous versais du poison!

— Doux poison, docteur! grâce auquel j'ai doublé, quatruplé, centuplé les dernières heures de mon existence; grâce auquel, en mourant à quarante-deux ans, j'aurai vécu la vie d'un centenaire; grâce auquel, enfin, j'ai possédé en rêve tout ce qui m'échappait en réalité : force, richesse, amour! Oh! docteur, docteur, ne vous repentez pas! mais, au contraire, félicitez-vous : Dieu ne m'avait donné que la vie réelle, vie triste, pauvre, décolorée, malheureuse, peu regrettable, et que l'homme devrait toujours être disposé à lui rendre comme un prêt usuraire... Docteur, je ne sais si je dois dire à Dieu merci de la vie ; mais je sais que je dois vous dire, à vous, merci de votre poison!... Emplissez donc la cuillère, et donnez-la moi!

Le docteur fit ce que demandait Mirabeau, et lui présenta la liqueur, qu'il savoura avec délices.

Alors, après quelques secondes de silence :

— Ah! docteur, dit-il, — comme si, à l'approche de l'éternité, la mort permettait que se soulevât pour lui le voile de l'avenir, — bienheureux ceux qui mourront dans cette année 1791, ils n'auront vu de la révolution que sa face resplendissante et sereine. Jusqu'aujourd'hui, jamais révolution plus grande n'a moins coûté de sang; c'est que jusqu'aujourd'hui, elle se fait dans les esprits seulement, et que le moment va venir où elle se fera dans les faits et dans les choses. — Peut-être croyez-vous qu'ils vont me regretter là-bas, aux Tuileries; point: ma mort les débarrasse d'un engagement pris; avec moi, il leur fallait gouverner d'une certaine façon; je ne leur étais plus un soutien, je leur étais un obstacle. *Elle* s'excusait de moi à son frère : « Mirabeau croit qu'il me conseille, lui écrivait-elle, et il ne s'aperçoit pas que je l'amuse! » Oh! voilà pourquoi j'aurais voulu que cette femme fût ma maîtresse, et non ma reine! Quel beau rôle à jouer que celui d'un homme qui soutient d'une main la jeune liberté, et de l'autre la vieille monarchie; qui les force à marcher du même pas et vers un seul but : le bonheur du peuple et le respect de la royauté! Peut-être était-ce possible! peut-être était-ce un rêve! mais, ce rêve, j'en ai la conviction, moi seul pouvais le réaliser... Ce qui me peine, docteur, ce n'est pas de mourir ; c'est de mourir incomplet ; c'est d'avoir entrepris une œuvre, et de comprendre que je ne puis mener cette œuvre à bout. Qui glorifiera mon idée, si mon idée est avortée, tronquée, décapitée? Ce que l'on saura de moi, docteur, c'est justement ce qu'il ne faudrait pas qu'on en sût : c'est ma vie déréglée, folle, vagabonde ; ce qu'on lira de moi, ce sont mes *Lettres à Sophie*, l'*Erotica biblion*, la *Monarchie prussienne*, des pamphlets et des livres obscènes ; ce qu'on me reprochera, c'est d'avoir pactisé avec la cour ; et l'on me reprochera cela parce que, de ce pacte, il ne sera rien sorti de ce qui devait en sortir, qu'un monstre auquel manquera la tête! Et, cependant, on me jugera, moi, mort à quarante-deux ans comme si j'avais vécu une vie d'homme; moi, disparu au milieu d'une tempête, comme si, au lieu d'être obligé de marcher sans cesse sur les flots, c'est-à-dire sur l'abîme, j'avais marché sur une grande route solidement pavée de lois, d'ordonnances et de règlements!... Docteur, à qui léguerai-je, non pas ma fortune dilapidée, peu importe cela! je n'ai pas d'enfants; mais à qui léguerai-je ma mémoire calomniée, ma mémoire, qui pouvait être, un jour, un héritage à faire honneur à la France, à l'Europe, au monde?...

— Pourquoi aussi vous être tant hâté de mourir? répondit tristement Gilbert.

— Oui, dit Mirabeau, il y a, en effet, des moments où je me demande cela à moi-même, comme vous me le demandez. Mais, écoutez bien ceci : Je ne pouvais rien sans *elle*, et elle n'a pas voulu... Je m'étais engagé comme un sot ; j'avais juré comme un imbécile, toujours soumis à ces ailes invisibles de mon cerveau qui emportait le cœur, tandis qu'*elle*, elle n'avait rien juré, elle n'était engagée à rien. — Ainsi donc tout est pour le mieux, docteur, et, si vous voulez me promettre une chose, aucun regret ne troublera plus les quelques heures que j'ai encore à vivre.

— Et que puis-je vous promettre, mon Dieu ?

— Eh bien, promettez-moi que, si mon passage de cette vie à l'autre était trop difficile, trop douloureux, promettez-moi, docteur, — et c'est non-seulement d'un médecin, mais encore d'un homme, d'un philosophe, — promettez-moi que vous y aiderez.

— Pourquoi me faites-vous une pareille demande?

— Ah! je vais vous le dire... c'est que, quoique je sente que la mort est là, je sens aussi qu'il me reste bien de la vie en moi; je ne meurs pas mort, cher docteur, je meurs vivant, et le dernier pas sera dur à franchir!

Le docteur inclina son visage sur celui de Mirabeau.

— Je vous ai promis de ne pas vous quitter, mon ami, dit-il. Si Dieu, et j'espère encore que cela n'est point, si Dieu a condamné votre vie, eh bien, au moment suprême, laissez à ma profonde tendresse pour vous le soin d'accomplir ce que j'aurai à faire... Si la mort est là, j'y serai aussi.

On eût dit que le malade n'attendait que cette promesse.

— Merci! murmura-t-il, et il retomba la tête sur son oreiller.

Cette fois, malgré cette espérance qu'il est du devoir d'un médecin d'infiltrer jusqu'à la dernière goutte dans l'esprit du malade, Gilbert ne douta plus ; cette dose abondante de hachich que venait de prendre Mirabeau avait, pour un instant, comme les secousses de la pile voltaïque, rendu au malade, avec la parole, le jeu des muscles, cette vie de la pensée, si on peut dire cela, qui l'accompagne ; mais, lorsqu'il cessa de parler, les muscles s'affaissèrent, cette vie de la pensée s'évanouit, et la mort, déjà empreinte sur son visage depuis la dernière crise, y reparut plus profondément gravée que jamais.

Pendant trois heures, sa main glacée resta entre les mains du docteur Gilbert ; pendant ces trois heures, c'est-à-dire de quatre à sept heures, l'agonie fut calme.

Si calme, que l'on put faire entrer tout le monde ; on eût cru qu'il dormait.

Mais, vers huit heures, Gilbert sentit tressaillir dans les siennes sa main glacée ; le tressaillement était si violent, qu'il ne s'y trompa point.

— Allons, dit-il, voici l'heure de la lutte ; voici la vraie agonie qui commence !

Et, en effet, le front du moribond venait de se couvrir de sueur ; son œil venait de se rouvrir, et avait lancé un éclair.

Il fit un mouvement qui indiquait qu'il voulait boire.

On s'empressa aussitôt de lui offrir de l'eau, du vin, de l'orangeade ; mais il secouait la tête.

Ce n'était point cela qu'il voulait.

Il fit signe qu'on lui apportât une plume, de l'encre et du papier.

On obéit, autant pour lui obéir qu'afin que pas une pensée de ce grand génie, même celles du délire, ne fût perdue.

Il prit la plume, et, d'une main ferme, traça ces deux mots : « Dormir... mourir... »

C'était les deux mots d'Hamlet.

Gilbert fit semblant de ne pas comprendre.

Mirabeau lâcha la plume, prit sa poitrine à pleines mains, comme pour la briser, jeta quelques cris inarticulés, reprit la plume, et, faisant un effort surhumain pour commander à la douleur de s'abstenir un instant, il écrivit : « Les douleurs sont devenues poignantes, insupportables... Doit-on laisser un ami sur la roue pendant des heures, pendant des jours peut-être, quand on peut lui épargner la torture avec quelques gout- d'opium? »

Mais le docteur hésitait. Oui, comme il l'avait dit à Mirabeau, au moment suprême, il serait là en face de la mort; mais pour combattre la mort, et non pour la seconder.

Les douleurs devenaient de plus en plus violentes ; le moribond se raidissait, se tordait les mains, mordait son oreiller.

Enfin, elles rompirent les liens de la paralysie.

— Oh! les médecins! les médecins! s'écria-t-il tout à coup. N'étiez-vous pas mon médecin et mon ami, Gilbert? ne m'aviez-vous pas promis de m'épargner les douleurs d'une pareille mort? Voulez-vous que j'emporte le regret de vous avoir donné ma confiance?... Gilbert, j'en appelle à votre amitié, j'en appelle à votre honneur!

Et, avec un soupir, un gémissement, un cri de douleur, il retomba sur son oreiller.

Gilbert, à son tour, poussa un soupir, et, tendant les mains à Mirabeau :

— C'est bien, dit-il, mon ami; on va vous donner ce que vous demandez.

Et il prit la plume pour écrire une ordonnance qui n'était autre qu'une forte dose de sirop diacode dans de l'eau distillée.

Mais à peine avait-il écrit le dernier mot, que Mirabeau se dressa sur son lit, tendant la main et demandant la plume.

Gilbert se hâta de la lui donner.

Alors, sa main crispée par la mort se cramponna au papier, et, d'une écriture à peine lisible, il écrivit : « Fuir ! fuir ! fuir ! »

Il voulut signer, mais il put tracer tout au plus les quatre premières lettres de son nom, et, étendant son bras convulsif vers Gilbert :

— Pour *elle* ! murmura-t-il.

Et il retomba sur son oreiller, sans

mouvement, sans regard, sans souffle.

Il était mort !

Gilbert s'approcha du lit, le regarda, lui tâta le pouls, lui mit la main sur le cœur ; puis, se retournant vers les spectateurs de cette scène suprême :

— Messieurs, dit-il, Mirabeau ne souffre plus !

Et, posant une dernière fois ses lèvres sur le front du mort, il prit le papier dont lui seul connaissait la destination, le plia religieusement, le mit sur sa poitrine, et sortit, ne pensant pas qu'il eût le droit de garder un instant de plus que le temps nécessaire pour aller de la Chaussée-d'Antin aux Tuileries, la recommandation de l'illustre trépassé.

Quelques secondes après la sortie du docteur de la chambre mortuaire, une grande clameur s'éleva dans la rue.

C'était le bruit de la mort de Mirabeau qui commençait à se répandre.

Bientôt un sculpteur entra; il était envoyé par Gilbert pour conserver à la postérité l'image du grand orateur au moment même où, dans sa lutte contre la mort, il venait de succomber.

Quelques minutes d'éternité avaient

déjà rendu à ce masque la sérénité qu'une âme puissante reflète en quittant le corps sur la physionomie qu'elle a animée.

Mirabeau n'est pas mort! Mirabeau semble dormir d'un sommeil plein de vie et de songes riants!

VIII

Les Funérailles.

La douleur fut immense, universelle. En un instant, elle se répandit du centre à la circonférence, de la rue de la Chaussée-d'Antin aux barrières de Paris. Il était huit heures et demie du matin.

Le peuple jeta une clameur terrible ; puis il se chargea de décréter le deuil.

Il courut aux théâtres, dont il déchira les affiches, et dont il ferma les portes.

Un bal avait lieu le soir même dans un hôtel de la rue de la Chaussée-d'Antin ; il envahit l'hôtel, dispersa les danseurs, et brisa les instruments des musiciens.

La perte qu'elle venait de faire fut annoncée à l'Assemblée par son président.

Aussitôt Barrère monta à la tribune et demanda que l'Assemblée déposât, dans le procès-verbal de ce jour funèbre, le témoignage des regrets qu'elle donnait à la perte de ce grand homme, et insista pour qu'il fût fait, au nom de la patrie, une invitation à tous les membres de l'Assemblée d'assister à ses funérailles.

Le lendemain, 3 avril, le département de Paris se présenta à l'Assemblée nationale, demanda et obtint que l'église Sainte-Geneviève fût érigée en Panthéon consacré à la sépulture des grands hommes, et que, le premier, Mirabeau y fût inhumé.

Consacrons ici ce magnifique décret de l'Assemblée. Il est bon que l'on retrouve dans ces livres que les hommes politiques tiennent pour frivoles, parce qu'ils ont le tort d'apprendre l'histoire sous une forme un peu moins lourde que celle qu'emploient les historiens ; il est bon, disons-nous, qu'on rencontre le plus souvent possible et n'importe où, pourvu que ce soit à la portée des yeux, ces décrets d'autant plus grands qu'ils sont spontanément arrachés à l'admiration ou à la reconnaissance d'un peuple.

Voici ce décret dans toute sa pureté.

« L'Assemblée nationale décrète :

Article 1er.

« Le nouvel édifice de Sainte-Geneviève sera destiné à recevoir les cendres des grands hommes, à dater de l'époque de la liberté française.

Art. II.

« Le Corps législatif décidera seul à quels hommes cet honneur sera décerné.

Art. III.

« Honoré Riquetti de Mirabeau est jugé digne de cet honneur.

Art. IV.

« La législature ne pourra pas, à l'avenir, décerner cet honneur à l'un de ses membres venant à décéder; il ne pourra être déféré que par la législature suivante.

Art. V.

« Les exceptions qui pourront avoir lieu pour quelques grands hommes morts avant la révolution, ne pourront être faites que par le Corps législatif.

Art. VI.

« Le Directoire du département de Paris sera chargé de mettre promptement l'église Sainte-Geneviève en état de remplir sa nouvelle destination, et fera graver au-dessus du fronton ces mots :

AUX GRANDS HOMMES LA PATRIE RECONNAISSANTE.

Art. VII.

« En attendant que la nouvelle église Sainte-Geneviève soit achevée, le corps de Riquetti Mirabeau sera déposé à côté des cendres de Descartes, dans le caveau de l'église Sainte-Geneviève (1). »

(1) Le Panthéon fut, depuis, l'objet de différents décrets. Nous les citons sans commentaires les uns à côté des autres, ou plutôt les uns après les autres.

Décret du 20 février 1806;

(Le titre Ier de ce décret consacre l'église de Saint-Denis à la sépulture des empereurs.)

TITRE II.
Article vii.

« L'église Sainte-Geneviève sera terminée et rendue au culte, conformément à l'intention de son fondateur, sous l'invocation de Sainte-Geneviève, patronne de Paris.

Art. viii.

« Elle conservera la destination qui lui avait été donnée par l'Assemblée constituante, et sera consacrée à la sépulture des *grands dignitaires, des grands officiers de l'empire et de la couronne, des sénateurs, des grands*

Le lendemain, à quatre heures de l'après-midi, l'Assemblée nationale tout en-

officiers de la légion d'Honneur, et, en vertu de nos décrets spéciaux, des citoyens qui, dans la carrière des armes, de l'administration et des lettres, auront rendu d'éminents services à la patrie; leurs corps embaumés seront inhumés dans l'église.

Art. ix.

« Les tombeaux déposés au Musée des monuments français seront transportés dans cette église pour y être rangés par ordre de siècles.

Art. x.

« Le chapitre métropolitain de Notre-Dame, augmenté de six membres, sera chargé de desservir l'église de Sainte-Geneviève. La garde de cette église sera spécialement confiée à un archi-prêtre choisi parmi les chanoines.

Art. xi.

« Il y sera officié solennellement le 3 janvier, fête de sainte Geneviève; le 15 août, fête de saint Napoléon, et anniversaire de la conclusion du concordat; le jour des Morts; et le premier dimanche de décembre, anniversaire du couronnement et de la bataille d'Austerlitz, et toutes les fois qu'il y aura lieu à des inhumations en exécution du présent décret; aucune autre fonction religieuse ne

tière quitta la salle du Manège pour se rendre à l'hôtel de Mirabeau. Elle y était

pourra être exercée dans ladite église qu'en vertu de notre approbation.

« *Signé* Napoléon.

« *Contresigné* Champagny. »

Ordonnance du 12 décembre 1821.

« Louis, par la grâce de Dieu, roi de France et de Navarre,

« A tous ceux qui ces présentes verront, salut :

« L'église que notre aïeul, le roi Louis XV, avait commencé de faire élever sous l'invocation de sainte Geneviève est heureusement terminée ; si elle n'a pas encore reçu tous les ornements qui doivent compléter sa magnificence, elle est dans un état qui permet d'y célébrer le service divin ; c'est pourquoi, afin de ne pas retarder davantage l'accomplissement des intentions de son fondateur, et de rétablir, conformément à ses vues et aux nôtres, le culte de la patronne dont notre bonne ville de Paris avait coutume d'implorer l'assistance dans tous ses besoins ;

« Sur le rapport de notre ministre de l'intérieur, et notre conseil d'État entendu :

« Nous avons ordonné ce qui suit :

Art. 1er.

« La nouvelle église fondée par le roi Louis XV en l'hon-

attendue par le directeur du département, par tous les ministres, et par plus de cent mille personnes.

neur de sainte Geneviève, patronne de Paris, sera incessamment consacrée à l'éxercice du culte divin sous l'invocation de cette sainte ; à cet effet elle est mise à la disposition de l'archevêque de Paris, qui la fera provisoirement desservir par des ecclésiastiques qu'il désignera.

Art. II.

« Il sera ultérieurement statué sur le service régulier et perpétuel qui devra y être fait et sur la nature du service.

« *Signé* Louis.

« *Contresigné* Siméon,
« ministre de l'intérieur. »

Ordonnance du 26 août 1830.

« Louis-Philippe, etc.,

« Considérant qu'il est de la justice nationale et de l'honneur de la France que les grands hommes qui ont bien mérité de la patrie, en contribuant à son honneur et à sa gloire, reçoivent, après leur mort, un témoignage éclatant de l'estime et de la reconnaissance publiques ;

« Considérant que, pour atteindre ce but, les lois qui avaient affecté le Panthéon à une semblable destination oivent être mises en vigueur ;

« Nous avons ordonné et ordonnons ce qui suit :

Mais, de ces cent mille personnes, pas une n'était spécialement venue de la part de la reine.

Le cortège se mit en marche.

La Fayette marchait en tête comme

Art. Ier.

« Le Panthéon sera rendu à sa destination primitive et légale ; l'inscription :

AUX GRANDS HOMMES LA PATRIE RECONNAISSANTE

sera rétablie sur le fronton. Les restes des grands hommes qui auront bien mérité de la patrie y seront déposés.

Art. II.

« Il sera pris des mesures pour déterminer à quelles conditions et dans quelles formes ce témoignage de la reconnaissance nationale sera décerné au nom de la patrie. Une commission sera immédiatement chargée de préparer un projet de loi à cet effet.

Art. III.

« Le décret du 20 février 1806 et l'ordonnance du 12 décembre 1821 sont rapportés.

« *Signé* Louis-Philippe.

« *Contresigné* Guizot. »

commandant-général des gardes nationales du royaume ;

Décret du 6 décembre 1851.

« Le Président de la République,

« Vu la loi du 4-10 avril 1791 ;

« Vu le décret du 20 février 1806 ;

« Vu l'ordonnance du 12 décembre 1821 ;

« Vu l'ordonnance du 26 août 1830 ;

« Décrète :

ARTICLE 1ᵉʳ.

« L'ancienne église de Sainte-Geneviève est rendue au culte, conformément à l'intention de son fondateur, sous l'invocation de sainte Geneviève, patronne de Paris. Il sera pris ultérieurement des mesures pour régler l'exercice permanent du culte catholique dans cette église.

ART. II.

« L'ordonnance du 26 août 1830 est rapportée.

ART. III.

« Le ministre de l'instruction publique et des cultes, et le ministre des travaux publics sont chargés, chacun en ce qui le concerne, de l'exécution du présent décret, qui sera inséré au Bulletin des lois.

« *Signé* Louis-Napoléon Bonaparte.

« *Contresigné* Fortoul. »

Puis le président de l'Assemblée nationale, Tronchet, entouré royalement des douze huissiers de la chaîne ;

Puis les ministres ;

Puis l'Assemblée sans distinction de partis, Sieyès donnant le bras à Charles de Lameth ;

Puis, après l'Assemblée, le club des Jacobins, comme une seconde Assemblée nationale ; — lui s'était signalé par sa douleur, probablement plus fastueuse que vraie : il avait décrété huit jours de deuil, et Robespierre, trop pauvre pour faire la dépense d'un habit, en avait loué un, comme il avait déjà fait pour le deuil de Franklin ;

Puis la population de Paris tout entière, enfermée dans deux lignes de gardes nationales montant à plus de trente mille hommes.

Une musique funèbre dans laquelle on entendait pour la première fois deux instruments inconnus jusqu'alors, le trombone et le tam-tam, marquait le pas à cette foule immense.

Ce fut à huit heures seulement que l'on arriva à Saint-Eustache. L'éloge funèbre fut prononcé par Cerutti; au dernier mot, dix mille gardes nationaux qui étaient dans l'église déchargèrent leurs fusils d'un seul coup; l'assemblée, qui ne s'attendait pas à cette décharge, jeta un grand cri; la commotion avait été si violente, que pas un carreau n'était resté intact. On put croire un instant que la voûte du Temple allait s'écrouler, et que l'église servirait de tombe au cercueil.

On se remit en marche aux flambeaux; l'ombre était descendue, et non-seulement avait envahi les rues par lesquelles on devait passer, mais encore la plupart des cœurs de ceux qui passaient.

La mort de Mirabeau, c'était, en effet, une obscurité politique; Mirabeau mort, savait-on dans quelle voie on allait entrer? L'habile dompteur n'était plus là pour diriger ces fougueux coursiers qu'on appelle l'ambition et la haine ; on sentait qu'il emportait avec lui quelque chose qui désormais manquerait à l'Assemblée : l'esprit de paix veillant même au milieu de la guerre, la bonté du cœur cachée sous la violence de l'esprit ; tout le monde avait perdu à cette mort : les royalistes n'avaient plus d'aiguillon ; les révolutionnaires plus de frein. Le char allait rouler plus rapide, et la descente était encore longue... Qui pouvait dire vers quoi on roulait, et si c'était vers le triomphe ou vers l'abîme.

On n'atteignit le Panthéon qu'au milieu de la nuit.

Un seul homme avait manqué au cortège, — Pétion.

Pourquoi Pétion s'était-il abstenu? Il le dit lui-même, le lendemain, à ceux de ses amis qui lui faisaient un reproche de son absence.

Il avait lu, disait-il, un plan de conspiration contre-révolutionnaire écrit de la main de Mirabeau.

Trois ans après, dans une sombre journée d'automne, non plus dans la salle du Manège, mais dans la salle des Tuileries, quand la Convention, après avoir tué le roi, après avoir tué la reine, après avoir tué les girondins, après avoir tué les cordeliers, après avoir tué les jacobins, après avoir tué les montagnards, après s'être tuée elle-même, n'eût plus rien de vivant à tuer, elle se mit à tuer les morts. Ce fut alors qu'avec une joie sauvage elle déclara qu'elle s'était trompée dans le jugement qu'elle avait rendu sur Mirabeau, et qu'à ses yeux le génie ne pouvait faire pardonner à la corruption.

Un nouveau décret fut rendu qui excluait Mirabeau du Panthéon.

Un huissier vint, et, sur le seuil du emple, il fit lecture du décret qui déclarait Mirabeau indigne de partager la sépulture de Voltaire, de Rousseau et de Descartes, et qui sommait le gardien de l'église de lui remettre le cadavre.

Ainsi, une voix plus terrible que celle qui doit être entendue dans la vallée de

Josaphat criait avant l'heure : « Panthéon, rends tes morts ! »

Le Panthéon obéit : le cadavre de Mirabeau fut remis à l'huissier, qui fit, il le dit lui-même, *conduire et déposer ledit cercueil dans le lieu ordinaire des sépultures.* Or, le lieu ordinaire des sépultures, c'était Clamart, le cimetière des suppliciés !

Et, sans doute, pour rendre encore plus terrible la punition qui l'allait chercher jusques dans la mort, ce fut nuitamment et sans cortège aucun que le cercueil fut inhumé, sans nul indice du lieu de l'inhumation, sans croix, sans pierre, sans inscription.

Seulement, plus tard, un vieux fossoyeur, interrogé par un de ces esprits curieux de savoir ce que les autres ignorent, conduisit un soir un homme à travers le cimetière désolé, et, s'arrêtant au milieu de l'enceinte et frappant du pied, lui dit :

— C'est ici !

Puis, comme le curieux insistait pour avoir une certitude :

— C'est ici, répéta-t-il, j'en réponds ; car j'ai aidé à le descendre dans la fosse, et même j'ai manqué d'y rouler, tant était lourd son maudit cercueil de plomb.

Cet homme, c'était Nodier. Un jour, il me conduisit aussi à Clamart, frappa du pied au même endroit, et me dit à son tour :

— C'est ici!

Or, voilà plus de cinquante ans que les générations qui se sont succédé passent sur cette tombe inconnue de Mirabeau. N'est-ce pas une assez longue expiation pour un crime contestable, qui fut bien plus le crime des ennemis de Mirabeau que celui de Mirabeau lui-même, et ne sera-t-il pas temps, à la première occasion, de fouiller cette terre impure dans laquelle il repose, jusqu'à ce qu'on trouve ce cercueil de plomb qui pesait si fort aux bras du pauvre fossoyeur, et auquel on reconnaîtra le proscrit du Panthéon?

Peut-être Mirabeau ne mérite-t-il pas le Panthéon ; mais, à coup sûr, beaucoup reposent et reposeront en terre chrétienne qui, plus que lui, méritent les gémonies.

France! entre les gémonies et le Panthéon, une tombe à Mirabeau, avec son nom pour toute épitaphe, avec son buste pour tout ornement, avec l'avenir pour tout juge!

IX

Le Messager.

Le matin même du 2 avril, une heure peut-être avant que Mirabeau rendît le dernier soupir, un officier supérieur de la marine, revêtu de son grand uniforme de capitaine de vaisseau, venant de la rue Saint-Honoré, s'acheminait vers les Tuileries par la rue Saint-Louis et la rue de l'Échelle.

A la hauteur de la cour des Écuries, il laissa cette cour à droite, enjamba les chaînes qui le séparaient de la cour intérieure, rendit son salut au factionnaire, qui lui portait les armes, et se trouva dans la cour des Suisses.

Arrivé là, il prit, comme un homme à qui le chemin est familier, un petit escalier de service qui, par un long corridor tournant, communiquait au cabinet du roi.

En l'apercevant, le valet de chambre

jeta un cri de surprise, presque de joie;
mais lui, mettant un doigt sur sa
bouche :

— Monsieur Hue, dit-il, le roi peut-il
me recevoir en ce moment?

— Le roi est avec M. le général de
la Fayette, à qui il donne ses ordres
pour la journée, répondit le valet de
chambre ; mais, dès que le général sera
sorti...

— Vous m'annoncerez? dit l'officier.

— Oh! c'est inutile... Sans doute, Sa
Majesté vous attend; car, dès hier au
soir, elle a donné l'ordre que vous fussiez introduit aussitôt votre arrivée.

En ce moment, on entendit retentir la sonnette dans le cabinet du roi.

— Eh! tenez, dit le valet de chambre, voilà le roi qui sonne probablement pour s'informer de vous.

— Alors, entrez, monsieur Hue, et ne perdons pas de temps si, en effet, le roi est libre de me recevoir.

Le valet de chambre ouvrit la porte, et presque aussitôt, — preuve que le roi était seul, — il annonça :

— M. le comte de Charny.

— Oh! qu'il entre! qu'il entre! dit le roi; depuis hier, je l'attends!

Charny s'avança vivement, et, avec un respectueux empressement, s'approchant du roi :

— Sire, dit-il, je suis en retard de quelques heures, à ce qu'il paraît; mais j'espère que, quand j'aurai dit à Sa Majesté les causes de ce retard, elle me le pardonnera.

—Venez, venez, monsieur de Charny... Je vous attendais avec impatience, c'est vrai; mais, d'avance, je suis de votre avis : une cause importante a pu seule faire votre voyage moins rapide qu'il n'aurait dû être... Vous voici : soyez le bienvenu !

Et il tendit au comte une main que celui-ci baisa avec respect.

— Sire, continua Charny, qui voyait l'impatience du roi, j'ai reçu votre ordre avant-hier dans la nuit, et je suis parti hier matin à trois heures de Montmédy.

— Comment êtes-vous venu?

— En voiture de poste.

— Cela m'explique ces quelques heures de retard, dit le roi en souriant.

— Sire, dit Charny, j'eusse pu venir à franc étrier, c'est vrai, et, de cette façon, j'eusse été ici de dix à onze heures du soir, et même plus tôt en prenant la route directe; mais j'ai voulu me rendre compte des chances bonnes ou mauvaises de la route que Votre Majesté a choisie, j'ai voulu connaître les postes bien montées et les postes mal servies; j'ai voulu surtout savoir précisément combien de temps, à la minute, à la seconde, on mettait pour aller de Montmédy à Paris, et, par conséquent, de Paris à Montmédy. J'ai tout noté et suis en mesure, maintenant, de vous répondre sur tout.

— Bravo, monsieur de Charny! dit le roi, vous êtes un admirable serviteur.... seulement, laissez-moi commencer par vous dire où nous en sommes ici; vous me direz ensuite où vous en êtes là-bas.

— Oh! sire, dit Charny, si j'en juge par ce qui m'en est revenu, les choses vont fort mal.

— A tel point que je suis prisonnier aux Tuileries, mon cher comte. Je le disais tout à l'heure à ce cher M. Lafayette, mon geôlier, j'aimerais mieux être roi de Metz que roi de France... Mais, heureusement, vous voici!

— Sa Majesté me faisait l'honneur de me dire qu'elle allait me mettre au courant de la situation.

— Oui, c'est vrai, en deux mots..... Vous avez appris la fuite de mes tantes?

— Comme tout le monde, Sire, mais sans aucun détail.

— Oh! mon Dieu! c'est bien simple. Vous savez que l'Assemblée ne nous permet plus que des prêtres assermentés. Eh bien! les pauvres femmes se sont effrayées à l'approche de Pâques; elles ont cru qu'il y avait risque de leur âme à se confesser à un prêtre constitutionnel, et, sur mon avis, je dois le dire, elles sont parties pour Rome. Nulle loi ne mettait obstacle à ce voyage, et l'on ne devait pas craindre que deux pauvres vieilles femmes fortifiassent beaucoup le parti des émigrés. C'est Narbonne qu'elles avaient chargé de ce départ ; mais je ne sais comment il s'y est pris, toute la mèche a été éventée, et une visite dans le genre de celle qui nous est arrivée à Versailles les 5 et 6 octobre leur est arrivée, à elles, à Bellevue, le soir même de leur départ. Heureusement, elles sortaient par une porte, tandis que toute cette canaille leur arrivait par l'autre... Comprenez-vous? pas une voiture prête! Trois devaient attendre tout attelées sous les remises! Il leur a fallu aller jusqu'à Meudon à pied; là, enfin, on a trouvé les voitures, et l'on est parti.— Trois heures après, rumeur immense dans tout Paris! Ceux qui étaient venus pour empêcher cette fuite avaient trouvé le nid tout chaud, mais vide. Le lendemain, hurlements de toute la presse! Marat crie qu'elles emportent des millions; Desmoulins qu'elles enlèvent le dauphin... Rien de tout cela n'était vrai : les pauvres femmes avaient trois ou quatre cent mille francs dans leur bourse, et étaient bien assez embarrassées d'elles-mêmes, sans se charger d'un enfant qui ne pouvait que les faire reconnaître ; et la preuve, c'est qu'elles furent reconnues sans lui, d'abord à Moret, qui les laissa passer ; puis à Arnay-le-Duc, qui les arrêta. Il m'a fallu écrire à l'Assemblée pour qu'elles pussent continuer leur route, et, malgré ma lettre, l'Assemblée a discuté toute la journée ; enfin, elles ont été autorisées à poursuivre leur voyage, mais à la condition que le comité présenterait une loi sur l'émigration.

— Oui, dit Charny; mais il me semblait que, sur un magnifique discours de M. de Mirabeau, l'Assemblée avait rejeté le projet de loi du comité ?

— Sans doute, elle l'a rejeté ; mais, à côté de ce petit triomphe, m'attendait une grande humiliation. Quand on a vu le tapage que faisait le départ des pauvres filles, quelques amis dévoués, — il m'en restait encore plus que je ne croyais, mon cher comte, — quelques amis dévoués, une centaine de gentilhommes s'étaient précipités vers les Tuileries, et étaient venus m'offrir leur vie. Aussitôt le bruit se répand qu'une conspiration se dénoue et qu'on veut m'enlever. La Fayette, qu'on avait fait courir au faubourg Saint-Antoine sous le prétexte qu'on relevait la Bastille, furieux d'avoir été pris pour dupe, revient vers les Tuileries, y entre l'épée au poing, la baïonnette en avant, arrête nos pauvres amis, les désarme : on trouve sur les uns des pistolets, sur les autres des couteaux ; chacun avait pris ce qu'il avait trouvé à la portée de sa main. Bon! la journée sera inscrite dans l'histoire sous un nouveau nom : elle s'appellera la journée des *chevaliers du Poignard.*

— Oh! Sire, Sire, quels temps terribles que ceux où nous vivons! dit Charny en secouant la tête.

— Attendez donc... Tous les ans, nous

allons à Saint Cloud ; c'est chose convenue, arrêtée. Avant-hier, nous commandons les voitures, nous descendons, nous trouvons quinze cents personnes autour de ces voitures ! nous montons ; impossible d'avancer ; le peuple saute à la bride des chevaux, déclare que je veux fuir, mais que je ne fuirai pas... Après une heure de tentatives inutiles, il fallut rentrer. — La reine pleurait de colère !

— Mais le général la Fayette n'était-il donc pas là pour faire respecter Votre Majesté ?

— La Fayette ? Savez-vous ce qu'il faisait ?... Il faisait sonner le tocsin à Saint-Roch, et courait à l'Hôtel-de-Ville demander le drapeau rouge pour déclarer la patrie en danger... La patrie en danger, parce que le roi et la reine vont à Saint-Cloud ! — Savez-vous qui lui a refusé le drapeau rouge, qui le lui a arraché des mains ? car il le tenait déjà ! Danton ! Aussi prétend-il que Danton m'est vendu; que Danton a reçu cent mille francs de moi... Voilà où nous en sommes, mon cher comte ; — sans compter Mirabeau qui se meurt, qui est peut-être mort même à cette heure.

— Eh bien, alors, raison de plus pour se hâter, Sire.

— C'est ce que nous allons faire... Voyons, qu'avez-vous décidé là-bas avec

Bouillé? Le voilà fort, j'espère : l'affaire de Nancy a été une occasion pour moi d'augmenter son commandement, de mettre de nouvelles troupes sous ses ordres.

— Oui, Sire ; mais, par malheur, les arrangements du ministre de la guerre contrecarrent sans cesse les nôtres ; il vient de lui retirer le régiment de Saxe-Hussard, et il lui refuse les régiments Suisses ; c'est à grand'peine qu'il a conservé, dans la forteresse de Montmédy, le régiment de Bouillon-Infanterie.

— Alors, il doute donc, maintenant?

— Non, Sire ; ce sont quelques chances de moins, mais qu'importe! dans de pareilles entreprises, il faut bien faire la part du feu ou du hasard, et nous avons toujours,— si l'entreprise est bien conduite,— quatre-vingt-dix chances sur cent.

— Eh bien, puisqu'il en est ainsi, revenons à nous.

— Sire, Votre Majesté est toujours bien décidée à suivre la route de Châlons, de Sainte-Menehould, de Clermont et de Stenay, quoique cette route ait vingt lieues au moins de plus que les autres, et qu'il n'y ait pas de poste à Varennes?

—J'ai déjà dit à M. de Bouillé les motifs qui me faisaient préférer ce chemin.

— Oui, Sire, et il nous a transmis à ce sujet les ordres de Votre Majesté ; c'est même d'après ces ordres que toute la route a été relevée par moi buisson par buisson, pierre à pierre... Le travail doit être entre les mains de Votre Majesté.

— Et c'est un modèle de classé, mon cher comte ; je connais, maintenant, la route comme si je l'avais faite moi-même.

— Eh bien, Sire, voici les renseignements que mon dernier voyage a ajoutés aux autres.

— Parlez, monsieur de Charny, je vous écoute, et, pour plus de clarté, voici la carte dressée par vous-même.

Et, en disant ces mots, le roi tira d'un carton une carte qu'il déploya sur la table. Cette carte était, non pas tracée, mais dessinée à la main, et, comme l'avait dit Charny, pas un arbre, pas une pierre n'y manquait ; c'était l'œuvre de plus de huit mois de travail.

Charny et le roi se penchèrent sur cette carte.

— Sire, dit Charny, le véritable danger commencera pour Votre Majesté à Sainte-Menehould, et cessera à Stenay ;

c'est sur ces dix-huit lieues qu'il faut répartir nos détachements.

— Ne pourrait-on les rapprocher davantage de Paris, monsieur de Charny, les faire venir jusqu'à Châlons, par exemple?

— Sire, dit Charny, c'est difficile. Châlons est une ville trop forte pour que quarante, cinquante, cent hommes même, apportent quelque chose d'efficace au salut de Votre Majesté, si ce salut était menacé. M. de Bouillé, d'ailleurs, ne répond de rien qu'à partir de Sainte-Menehould. Tout ce qu'il peut faire, et cela, m'a-t-il dit encore de le discuter avec Votre Majesté, c'est de placer son premier détachement à Pont-de-Sommevelle... Vous voyez, Sire, ici... c'est-à-dire à la première poste après Châlons.

Et Charny montrait du doigt sur la carte l'endroit dont il était question.

— Soit, dit le roi; en dix ou douze heures, on peut-être à Châlons... En combien d'heures avez-vous fait vos quatre-vingt-dix lieues, vous ?

— Sire, en trente-six heures.

— Mais dans une voiture légère, où vous étiez seul, avec un domestique ?

— Sire, j'ai perdu trois heures en route

à examiner à quel endroit de Varennes on devait placer le relai, et si c'était en deçà de la ville, du côté de Sainte-Menehould, ou au-delà, du côté de Dun. Cela revient donc à peu près au même : ces trois heures perdues compenseront le poids de la voiture. — Mon avis est donc que le roi peut aller de Paris à Montmédy en trente-cinq ou trente-six heures.

— Et qu'avez-vous décidé pour le relai de Varennes ? C'est le point important ; il faut que nous soyons certains de n'y pas manquer de chevaux.

— Oui, Sire... et mon avis est que le relai doit être placé au-delà de la ville, du côté de Dun.

— Sur quoi appuyez-vous cet avis ?

— Sur la situation même de la ville, Sire.

— Expliquez moi cette situation, comte.

— Sire, la chose est facile, je suis passé cinq ou six fois à Varennes depuis mon départ de Paris, et, hier, j'y suis resté de midi à trois heures, Varennes est une petite ville de seize cents habitants à peu près, formée de deux quartiers bien distincts qu'on appelle la ville haute et la ville basse, séparés par la rivière d'Aire, et communiquant par un pont jeté sur cette rivière. — Si Sa Majesté veut bien suivre sur la carte... là, Sire, près de la forêt d'Argonne, sur la lisière, elle verra...

— Oh! j'y suis, dit le roi, la route fait un coude énorme dans la forêt pour aller à Clermont.

— C'est cela, Sire.

— Mais tout cela ne me dit point pourquoi vous placez le relai au-delà de la ville, au lieu de le placer en-deçà.

— Attendez, Sire... Le pont qui conduit d'un quartier à l'autre est dominé par une haute tour ; cette tour, ancienne tour de péage, pose sur une voûte sombre, obscure, étroite ; là, le moindre obstacle peut empêcher le passage... Mieux vaut donc, puisqu'il y a là un risque à courir, le courir avec des chevaux et des postillons lancés à fond de train, et venant de Clermont, que de relayer à cinq cents pas en-deçà du pont, qui, si le roi était, par hasard, reconnu au relai, pourrait être gardé et défendu sur un simple signal, et par trois ou quatre hommes.

— C'est juste, dit le roi ; d'ailleurs, en cas d'hésitation, vous seriez là, comte.

— Ce sera à la fois un devoir et un honneur pour moi, si toutefois le roi m'en juge digne.

Le roi tendit de nouveau la main à Charny.

— Ainsi, dit le roi, M. de Bouillé a déjà marqué les étapes, et choisi les hommes qu'il échelonnera sur ma route.

— Sauf l'approbation de Votre Majesté, oui, Sire.

— Vous a-t-il remis quelque note à ce sujet ?

Charny prit dans sa poche un papier plié, et le présenta en s'inclinant au roi.

Le roi le déplia, et lut :

« L'avis du marquis de Bouillé est que les détachements ne doivent pas aller au-delà de Sainte-Menehould ; si, cependant, le roi exigeait qu'ils vinssent jusqu'à Pont-de-Sommevelle, voici comment je propose à Sa Majesté de répartir les forces destinées à lui servir d'escorte :

« 1° A Pont-de-Sommevelle, quarante hussards du régiment de Lauzun commandés par M. le duc de Choiseul, colonel, ayant sous ses ordres le sous-lieutenant Boudet ;

« 2° A Sainte-Menehould, quarante dragons du régiment Royal, commandés par M. le marquis Dandoins, capitaine ;

« 3° A Clermont, cent dragons du régiment de Monsieur, et quarante du régiment Royal, commandés par M. le comte Charles de Damas, colonel;

« 4° A Varennes, soixante hussards du régiment de Lauzun, commandés par MM. de Rohrig, de Bouillé fils et de Raigecourt;

« 5° A Dun, cent hussards du régiment de Lauzun, commandés par M. Deslon, capitaine;

« 6° A Mouzay, cinquante cavaliers de Royal-Allemand, commandés par M. Guntzer, capitaine;

« 7° Enfin, à Stenay, le régiment de

Royal-Allemand, commandé par son lieutenant-colonel, M. le baron de Mandell. »

— Cela me paraît bien ainsi, dit le roi après avoir lu ; mais, si ces détachements sont obligés de stationner un, deux ou trois jours dans ces villes ou dans ces villages, quel prétexte donnera-t-on ?

— Sire, le prétexte est tout trouvé : ils seront censés attendre un convoi d'argent envoyé par le ministère à l'armée du Nord.

— Allons, dit le roi avec une satisfaction visible, tout est prévu.

Charny s'inclina.

— Et, à ce propos de convoi d'argent, dit le roi, savez-vous si M. de Bouillé a reçu le million que je lui ai envoyé?

— Oui, Sire... Seulement, Votre Majesté sait que ce million était en assignats, qui perdent vingt pour cent.

— A-t-il pu les escompter à ce taux, du moins?

— Sire, d'abord, un fidèle sujet de Votre Majesté a été assez heureux de pouvoir, à lui seul, en prendre pour cent mille écus... sans escompte, bien entendu.

Le roi regarda Charny.

— Et le reste, comte? demanda-t-il.

— Le reste, répondit le comte de Charny, a été escompté par M. de Bouillé fils chez le banquier de son père, M. Perregaux, qui lui en a payé le montant en lettres de change sur MM. Bethmann de Francfort, lesquels ont accepté les lettres de change... Au moment venu, l'argent ne manquera donc pas.

— Merci, monsieur le comte, dit Louis XVI; maintenant, vous avez à me faire connaître le nom de ce fidèle serviteur qui a compromis sa fortune peut-être pour donner ces cent mille écus à M. de Bouillé.

— Sire, ce fidèle serviteur de Votre Majesté est fort riche, et, par conséquent, n'a eu aucun mérite à faire ce qu'il a fait.

— N'importe, monsieur, le roi désire savoir son nom.

— Sire, répondit Charny en s'inclinant, la seule condition qu'il ait mise au prétendu service qu'il rendait à Votre Majesté, ç'a été de garder l'anonyme.

— Cependant, dit le roi, vous le connaissez, vous?

— Je le connais, Siré.

— Monsieur de Charny, dit alors le roi avec cette dignité pleine d'âme qu'il avait dans certains moments, voici une bague qui m'est bien précieuse ; — et il tira un simple anneau d'or de son doigt ; — je l'ai prise à la main de mon père expiré, en baisant cette main glacée par la mort ; sa valeur est donc celle que j'y attache, elle n'en a pas d'autre. Mais, pour un cœur qui saura me comprendre, cette bague deviendra plus précieuse que le plus précieux diamant. — Redites à ce fidèle serviteur ce que je viens de vous dire, monsieur de Charny, et donnez-lui cette bague de ma part.

Deux larmes s'échappèrent des yeux de Charny ; sa poitrine se gonfla, et, haletant, il mit un genou en terre pour recevoir la bague des mains du roi.

En ce moment, la porte s'ouvrit; le roi se retourna vivement, car cette porte s'ouvrant ainsi était une telle infraction aux règles de l'étiquette, qu'elle constituait une grande insulte, si elle n'était excusée par une grande nécessité.

C'était la reine.

La reine pâle, et tenant un papier à la main.

Mais, à la vue du comte à genoux, baisant la bague du roi et la passant à son doigt, elle laissa échapper le papier en poussant un cri d'étonnement.

Charny se releva et salua respectueusement la reine, qui balbutiait entre ses dents :

— M. de Charny... M. de Charny... ici... chez le roi... aux Tuileries !...

Et qui, tout bas, ajoutait :

— Et je ne le savais pas !

Il y avait une telle douleur dans les yeux de la pauvre femme, que Charny, qui n'avait point entendu la fin de la phrase, mais qui l'avait devinée, fit deux pas vers elle.

— J'arrive à l'instant même, dit-il, et j'allais demander au roi la permission de vous présenter mes hommages.

Le sang reparut sur les joues de la reine. Il y avait longtemps qu'elle n'avait entendu la voix de Charny, et, dans cette voix, la douce intonation qu'il venait de donner à ses paroles.

Elle tendit alors les deux mains, comme pour aller à lui; mais presque aussitôt elle en ramena une sur son cœur, qui, sans doute, battait trop violemment.

Charny vit tout, devina tout, quoique ces sensations qu'il nous faut dix lignes pour transcrire et pour expliquer, se fussent produites pendant le temps qu'avait mis le roi à aller ramasser le papier qui était échappé des mains de la reine, et que le courant d'air causé par l'ouverture simultanée des fenêtres et de la porte avait fait voler jusqu'au fond du cabinet.

Le roi lut ce qui était écrit sur le papier, mais sans y rien comprendre.

— Que veulent dire ces trois mots : « Fuir! fuir! fuir! » et cette moitié de signature? demanda le roi.

— Sire, répondit la reine, ils veulent dire que M. de Mirabeau est mort, il y a dix minutes, et que voilà le conseil qu'il nous donne en ce moment.

— Madame, reprit le roi, le conseil sera suivi, car il est bon, et le moment est venu, cette fois, de le mettre à exécution.

Puis, se retournant vers Charny :

— Comte, poursuivit-il, vous pouvez suivre la reine chez elle, et lui tout dire...

La reine se leva, regarda tour à tour le roi et Charny.

Puis, s'adressant à ce dernier :

— Venez, monsieur le comte, dit-elle.

Et elle sortit précipitamment, car il lui eût été impossible, si elle fût restée une minute de plus, de contenir tous les sentiments opposés que renfermait son cœur.

Charny s'inclina une dernière fois devant le roi, et suivit Marie-Antoinette.

X

La Promesse.

La reine rentra chez elle, et se laissa tomber sur un canapé en faisant signe à Charny de pousser la porte derrière lui.

Par bonheur, le boudoir dans lequel

elle entrait était solitaire, Gilbert ayant demandé à parler sans témoin à la reine, afin de lui dire ce qui venait de se passer, et de lui remettre la dernière recommandation de Mirabeau.

A peine assise, son cœur trop plein déborda, et elle éclata en sanglots.

Ces sanglots étaient si énergiques et si vrais, qu'ils allèrent chercher jusqu'au fond du cœur de Charny les restes de son amour.

Nous disons les restes de son amour, car, lorsqu'une passion semblable à celle que nous avons vue naître et grandir a brûlé dans le cœur d'un homme, à moins d'une de ces choses terribles qui font succéder la haine à l'amour, elle ne s'y éteint jamais complètement.

Charny était dans cette position étrange que ceux qui se sont trouvés en position pareille peuvent seuls apprécier : il avait à la fois en lui un ancien et un nouvel amour.

Il aimait déjà Andrée de toute la flamme de son cœur.

Il aimait encore la reine de toute la pitié de son âme.

A chaque déchirement de ce pauvre amour, déchirement causé par l'égoïsme, c'est-à-dire par l'excès de cet amour, il l'avait, pour ainsi dire, senti saigner dans le cœur de la femme, et, à chaque fois, tout en comprenant cet égoïsme, comme tous ceux pour lesquels un amour passé devient un fardeau, il n'avait pas eu la force de l'excuser.

Et, cependant, toutes les fois que cette douleur si vraie éclatait devant lui sans récriminations et sans reproches, il mesurait la profondeur de cet amour; il se rappelait combien de préjugés humains, combien de devoirs sociaux cette femme avait méprisés pour lui, et, penché sur cet abîme, il ne pouvait s'empêcher d'y laisser tomber à son tour une larme de regret et une parole de consolation.

Mais, à travers les sanglots, le reproche perçait-il ; mais, à travers les pleurs, les récriminations se faisaient-elles jour; à l'instant même, il se rappelait les exigences de cet amour, cette volonté absolue, ce despotisme royal qui était sans cesse mêlé aux expressions de la tendresse, aux preuves de la passion ; il se raidissait contre ces exigences, s'armait contre ce despotisme, entrait en lutte contre cette volonté, leur comparait la douce et inaltérable figure d'Andrée, et se prenait à préférer cette statue, toute de glace qu'il la croyait, à cette image de la passion toujours prête à lancer par les yeux les éclairs de son amour, de sa jalousie ou de son orgueil.

Cette fois, la reine pleurait sans rien dire.

Il y avait plus de huit mois qu'elle n'avait vu Charny. Fidèle à la promesse qu'il avait faite au roi, le comte, pendant ce temps, ne s'était révélé à personne. La reine était donc restée ignorante de cette existence si intimement liée à la sienne, que, pendant deux ou trois ans, elle avait cru qu'on ne pourrait séparer l'une de l'autre qu'en les brisant toutes deux.

Et, cependant, on l'a vu, Charny s'était

séparé d'elle sans lui dire où il allait ; seulement, — et c'était sa seule consolation, — elle le savait employé au service du roi; de sorte qu'elle se disait :
« En travaillant pour le roi, il travaille pour moi aussi ; donc il est forcé de penser à moi, voulût-il m'oublier ! »

Mais c'était une faible consolation que cette pensée qui revenait ainsi à elle par contre-coup, quand cette pensée lui avait si longtemps appartenu à elle seule. Aussi, en revoyant tout à coup Charny au moment où elle s'attendait le moins à le revoir ; en le retrouvant là, chez le roi, à son retour, à peu près au même endroit où elle l'avait rencontré le jour de son départ, toutes les douleurs qui avaient bourrelé son âme, toutes les pensées qui avaient tourmenté son cœur, toutes les larmes qui avaient brûlé ses yeux pendant sa longue absence, venaient à la fois, ensemble, tumultueusement inonder ses joues, et emplir sa poitrine de toutes les angoisses qu'elle croyait évanouies, de toutes les douleurs qu'elle croyait passées.

Elle pleurait pour pleurer ; ses larmes l'eussent étouffée si elles n'eussent pas jailli au dehors.

Elle pleurait sans prononcer une parole ; était-ce de joie ? était-ce de douleur ? De l'une et l'autre peut-être : toute puissante émotion se résume par des larmes.

Aussi, sans rien dire, mais, cependant, avec plus d'amour que de respect, Charny s'approcha de la reine, détacha une des mains dont elle se couvrait le visage, et, appuyant ses lèvres sur cette main :

— Madame, dit-il, je suis heureux et fier de vous affirmer que, depuis le jour où j'ai pris congé de vous, je n'ai pas été une heure sans m'occuper de vous.

— Oh! Charny, Charny, répondit la reine, il y eut un temps où vous vous fussiez peut-être moins occupé de moi; mais où vous y eussiez pensé davantage !

— Madame, dit Charny, j'étais chargé

par le roi d'une grave responsabilité... Cette responsabilité m'imposait le silence le plus absolu jusqu'au jour où ma mission serait remplie. Elle l'est aujourd'hui ; seulement aujourd'hui, je puis vous revoir, je puis vous parler, tandis que jusqu'aujourd'hui je ne pouvais pas même vous écrire !

— C'est un bel exemple de loyauté que vous avez donné là, Olivier, dit mélancoliquement la reine, et je ne regrette qu'une chose, c'est que vous n'ayez pu le donner qu'aux dépens d'un autre sentiment.

— Madame, dit Charny, permettez, puisque j'en ai reçu la permission du roi, que je vous instruise de ce que j'ai fait pour votre salut.

—Oh ! Charny, Charny, reprit la reine, n'avez-vous donc rien de plus pressé à me dire ?

Et elle serra tendrement la main du comte, en le regardant de ce regard pour lequel autrefois il eût offert sa vie, qu'il était toujours prêt, sinon à offrir, du moins à sacrifier.

Et, tout en le regardant ainsi, elle le vit, non point en voyageur poudreux qui descend d'une chaise de poste, mais en courtisan plein d'élégance qui a soumis son dévouement à toutes les règles de l'étiquette.

Cette toilette si complète, dont la reine la plus exigeante aurait pu se contenter, inquiéta visiblement la femme.

— Quand donc êtes-vous arrivé? demanda-t-elle.

— J'arrive, madame, répondit Charny.

— Et vous venez?...

— De Montmédy.

— Ainsi vous avez traversé la moitié de la France?

— J'ai fait quatre-vingt-dix lieues depuis hier matin.

— A cheval?... en voiture?...

— En chaise de poste.

— Comment, après ce long et fatigant voyage, — excusez mes questions, Charny, — êtes-vous aussi bien brossé, verni, peigné qu'un aide-de-camp du général la Fayette qui sortirait de l'état-major?... Les nouvelles que vous apportez étaient donc peu importantes?

— Très importantes, au contraire, madame; mais j'ai pensé que, si je débarquais dans la cour des Tuileries avec une chaise de poste couverte de boue ou de poussière, j'éveillerais la curiosité. Le roi tout à l'heure encore me disait combien vous étiez étroitement gardés, et, en l'écoutant, je me félicitais de cette précaution que j'avais prise de venir à pied et avec mon uniforme, comme un simple officier qui revient faire sa cour après une semaine ou deux d'absence.

La reine serra convulsivement la main à Charny; on voyait qu'une dernière question lui restait à faire, et qu'elle avait d'autant plus de difficulté à à la formuler qu'elle lui paraissait plus importante.

Aussi prit-elle une autre forme d'interrogation.

— Ah! oui, dit-elle d'une voix étouffée, j'oubliais que vous avez un pied-à-terre à Paris!

Charny tressaillit. Seulement alors, il voyait le but de toutes ces questions.

— Moi, un pied-à-terre à Paris! dit-il; et où donc cela, madame?

La reine fit un effort.

— Mais... rue Coq-Héron, dit-elle; n'est-ce pas là que demeure la comtesse?

Charny fut près de s'emporter, comme un cheval qu'on presse de l'éperon dans une plaie encore vive; mais il y avait dans la voix de la reine un tel sentiment d'hésitation, une telle expression de douleur, qu'il eut pitié de ce qu'elle devait souffrir, elle si hautaine, elle si puissante sur elle-même pour laisser voir son émotion à ce point.

— Madame, dit-il avec un accent de profonde tristesse, tristesse qui peut-être n'était pas causée tout entière par la souffrance de la reine, je croyais avoir eu l'honneur de vous dire, avant mon départ, que la maison de madame de Charny n'était point la mienne; je suis descendu chez mon frère, le vicomte Isidore de Charny, et c'est chez lui que j'ai changé de costume.

La reine jeta un cri de joie, se laissa glisser sur ses genoux en portant à ses lèvres la main de Charny.

Mais, aussi rapide qu'elle, il la prit sous les deux bras, et, la relevant :

— Oh! madame, s'écria-t-il, que faites-vous?

— Je vous remercie, Olivier! dit la reine avec une voix si douce, que Charny sentit les larmes lui venir aux yeux.

— Vous me remerciez, dit-il; mon Dieu! et de quoi?...

— De quoi?... vous me demandez de

quoi? s'écria la reine ; mais de m'avoir donné le seul instant de joie complète que j'aie eu depuis votre départ... Mon Dieu! je le sais, c'est une chose folle et insensée, mais bien digne de pitié que la jalousie! Vous aussi, à une époque vous avez été jaloux, Charny ; aujourd'hui vous l'oubliez... Oh! les hommes, quand ils sont jaloux, ils sont bien heureux ! ils peuvent se battre avec leurs rivaux! tuer ou être tués!... Mais les femmes, elles ne peuvent que pleurer... quoiqu'elles s'aperçoivent que leurs larmes sont inutiles, dangereuses ; car nous le savons bien que nos larmes, au lieu de rapprocher de nous celui pour lequel nous les versons, l'en écarte souvent davantage ; mais c'est le vertige de l'amour, on voit l'abîme, et, au lieu de s'en éloigner, on s'y jette!... Merci encore une fois, Olivier ! vous le voyez, me voilà joyeuse, et je ne pleure plus.

Et, en effet, la reine essaya de rire ; mais, comme si, à force de douleurs, elle eût désappris la joie, son rire eut un accent si triste et si douloureux, que le comte en tressaillit.

— Oh ! mon Dieu ! murmura-t-il, se peut-il donc que vous ayez tant souffert ?

Marie-Antoinette joignit les mains.

— Soyez béni, Seigneur ! dit-elle, car

le jour où il comprendra ma douleur, il n'aura pas la force de ne plus m'aimer !

Charny se sentait entraîné sur une pente où, à un moment donné, il lui serait impossible de se retenir. Il fit un effort comme les patineurs qui, pour s'arrêter, se cambrent en arrière, au risque de briser la glace sur laquelle ils glissent.

— Madame, dit-il, ne me permettez-vous donc pas de recueillir le fruit de cette longue absence en vous expliquant ce que j'ai été assez heureux de faire pour vous ?

— Ah ! Charny, répondit la reine,

j'aimerais bien mieux ce que je vous disais tout à l'heure... Mais vous avez raison, il ne faut pas laisser trop longtemps oublier à la femme qu'elle est reine. Parlez, monsieur l'ambassadeur, la femme a obtenu tout ce qu'elle avait droit d'attendre ; la reine vous écoute.

Alors, Charny lui raconta tout : comment il avait été envoyé à M. de Bouillé ; comment le comte Louis était venu à Paris ; comment lui, Charny, avait, buisson à buisson, relevé la route par laquelle la reine devait fuir; comment, enfin, il était venu annoncer au roi qu'il n'y avait plus en quelque sorte que la partie matérielle du projet à mettre à exécution.

La reine écouta Charny avec une grande attention, et, en même temps, avec une profonde reconnaissance ; il lui semblait impossible que le simple dévoûment allât jusque-là : l'amour, et un amour ardent et inquiet, pouvait seul prévoir ces obstacles, et inventer les moyens qui devaient les combattre et les surmonter.

Elle le laissa donc dire d'un bout à l'autre ; puis, quand il eut fini, le regardant avec une suprême expression de tendresse :

— Vous serez donc bien heureux de m'avoir sauvée, Charny ? demanda-t-elle.

— Oh ! s'écria le comte, vous demandez cela, madame ! mais c'est le rêve de mon ambition, et, si j'y parviens, ce sera la gloire de ma vie.

— J'aimerais mieux que ce fût tout simplement la récompense de votre amour, dit la reine avec mélancolie ; mais n'importe !... Vous désirez ardemment, n'est-ce pas, que cette grande œuvre du salut du roi, de la reine et du dauphin de France s'accomplisse par vous ?

— Je n'attends que votre assentiment pour y dévouer mon existence.

— Oui, et je le comprends, mon ami, dit la reine, ce dévoûment doit être pur de tout sentiment étranger, de toute affection matérielle. Il est impossible que mon mari, mes enfants soient sauvés par une main qui n'oserait s'étendre vers eux pour les soutenir, s'ils glissaient dans cette route que nous allons parcourir ensemble... Je vous remets leur vie et la mienne, mon frère... mais à votre tour vous aurez pitié de moi, n'est-ce pas ?

—Pitié de vous, madame ? dit Charny.

—Oui... Vous ne voudrez pas qu'en ces moments où j'aurai besoin de toute ma force, de tout mon courage, de toute ma présence d'esprit, une idée folle peut-être. —mais que voulez-vous, il y a des gens qui n'osent se hasarder dans la nuit, de peur de spectres que, le jour venu, ils reconnaissent ne pas exister! — Vous ne voudrez pas que tout soit perdu peut-être, faute d'une promesse faite, faute d'une parole donnée... Vous ne le voudrez pas!...

Charny interrompit la reine.

— Madame, dit-il, je veux le salut de Votre Majesté ; je veux le bonheur de la France ; je veux la gloire d'achever l'œuvre que j'ai commencée, et, je vous l'avoue, je suis désespéré de n'avoir qu'un si faible sacrifice à vous faire... Je vous jure de ne voir madame de Charny qu'avec la permission de Votre Majesté.

Et, saluant respectueusement et froidement la reine, il se retira sans que celle-ci, glacée par l'accent avec lequel il avait prononcé ces paroles, essayât de le retenir.

Mais à peine Charny eût-il refermé la porte derrière lui, que, se tordant les bras, elle s'écria douloureusement :

— Oh ! que j'aimerais mieux que ce fût moi qu'il eût fait le serment de ne pas voir, et qu'il m'aimât comme il l'aime !

FIN DU HUITIÈME VOLUME.

TABLE

DU HUITTIÈME VOLUME.

Chap. I. La loge de la rue Plâtrière (suite et fin). .	1
II. Compte rendu.	39
III. Liberté, égalité, fraternité	63
IV. Les femmes et les fleurs.	85
V. Ce que le roi avait dit, ce qu'avait dit la reine..	109
VI. Vive Mirabeau !	157
VII. Fuir ! fuir ! fuir !	189
VIII. Les funérailles.	215
IX. Le Messager.	257
X. La promesse	281

Sceaux. Impr. de E. Dépée.

EN VENTE.

MES MÉMOIRES, Par ALEXANDRE-DUMAS, 12 volumes.

AVENTURES DU CHEVALIER DE PAMPELONNE, Par A. DE GONDRECOURT, 5 vol.

BALKAR LE ROUGE, Par G. DE LA LANDELLE, 2 volumes.

LES OISEAUX DE NUIT, Par XAVIER DE MONTÉPIN, 5 volumes.

LAQUELLE DES DEUX, Par MAXIMILIEN PERRIN, 2 volumes.

LE CHEVALIER D'ESTAGNOL, Par LE MARQUIS DE FOUDRAS, 6 volumes.

UN GIL BLAS EN CALIFORNIE, Par ALEXANDRE DUMAS, 2 volumes.

IL FAUT QUE JEUNESSE SE PASSE, Par ALEXANDRE DE LAVERGNE, 3 volumes.

LES DRAMES DE LA MER, Par ALEXANDRE DUMAS, 2 volumes.

Imp. de E. Dépée à Sceaux.

www.ingramcontent.com/pod-product-compliance
Lightning Source LLC
Chambersburg PA
CBHW060416170426
43199CB00013B/2169